三千佛塔烟云下

UNDER
THE SMOKE
AND CLOUD OF
3000 PAGODAS

亚洲 3 部曲

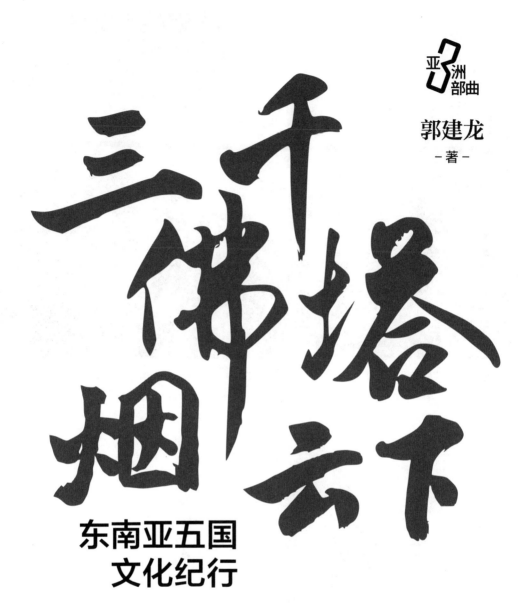

亚3洲部曲

郭建龙

- 著 -

三千佛塔烟云下

东南亚五国文化纪行

UNDER
THE
SMOKE
AND
CLOUD
OF
3000
PAGODAS

Cultural Journey of Five Southeast Asian Countries

当代世界出版社
THE CONTEMPORARY WORLD PRESS

越南河内的文庙。文庙表现出越南文化和中国的亲缘关系，这里也有科举考试，所考题目也大都出自中国的经典。

美山遗址出土的神像。

带有希腊风格的占婆雕塑。说明占婆雕塑曾经受到过印度雕塑的影响，而印度雕塑又受到过希腊雕塑的影响。

后腿朝天的瑞兽，后期占婆雕塑的代表作。

美丽的占婆佛像。

芽庄塔前的巨柱。这里曾经是一片祭祀区域，如今只剩下了一片柱子。

河内李太祖像。迁都河内的首位君王。

河内历年进士碑。

顺化的护城河和
皇城城墙。

顺化皇城东门。

西贡大教堂。

越南西宁的高台祖寺。高台教是越南独特的宗教，在经过多年的打压之后，现在又开始恢复。

天眼。高台教的神圣符号。

佛统大塔。佛统被认为是泰国境内的第一座城市，由孟人建造。我在这里见到了一场混合着中国和印度元素的节日聚会。

朗山寺庙远景。高大的朗山寺庙高居在小山的顶部，睥睨着四周的平原，不远处就是柬埔寨的领土。

朗山寺雕塑。这里的雕塑与披迈的一样，被认为是泰国境内高棉艺术的典范。

披迈寺庙群。泰国保存最完好的古吴哥遗迹。

披迈的主寺塔。在主塔的两侧，还有东西两个副塔。

班清附近村落的老妇人。目前住在班清附近的人大多是从老挝迁过来的泰人，并非是班清遗址出土的古人的后代。

著名的班清彩陶。在博物馆的正门口放着几件大型的陶器。

景线博物馆内存放的巨型佛头。该佛头发现于城内残破的寺庙之中。

景线城内的摩诃陀寺，拥有城里最大的佛塔。

彭世洛的普拉西寺。这里有一座全泰闻名的神圣佛像。

国王拉玛甘亨雕像，位于素可泰古城内。拉玛甘亨是泰国一系列伟大帝王中最早的一位。

清迈巨大的摩诃陀寺。在几个街区以外就可以看到它残缺的身影。

清迈的三国王雕塑。

素可泰古城中心位置的摩诃陀寺。护城河里漂着睡莲。

甘烹碧佛寺废墟中的涅槃佛像。

泰国阿谕陀耶遗址的佛像。阿谕陀耶是泰国历史上最伟大的王朝，在被缅甸人攻陷和焚毁后，阿谕陀耶城的残垣断壁一直保留到了今天。

阿谕陀耶的拉玛铁菩提雕像。

民主纪念碑。

曼谷的宫殿和寺庙群。

街头的拉玛九世像。曼谷王朝建立数百年至今，泰国的国王在社会上受到极大的尊重，国王像四处可见。

曼谷塔。象征着曼谷城市的建立。

缅甸仰光大金塔。

瑞山都塔。瑞山都是阿奴律陀王建造的佛塔，也是蒲甘平原最早的塔之一。这里还是观看日出和日落的最佳地点。

从瑞山都塔上走下去的尼姑们。她们刚观看完日落。和尚的猩红色和尼姑的粉红色是缅甸佛教的主流色调。

瑞喜宫塔和伊洛瓦底江。

缅甸仰光的苏乐塔。在摩诃·班都拉公园的北侧，也在摩诃·都拉大道上。

摩诃·班都拉公园内的独立纪念碑。

老挝琅勃拉邦的皇家佛寺。老挝这个山国至今仍享受着出世的悠闲与愉悦。

瓦普寺西配殿的大门。两座配殿的屋顶都已经无存，只剩下乱石的长廊和空白的广场。

化缘僧。每天早上，僧人们都要外出化缘。他们不用祈求，只需打伞站在门外，就会有人从屋里出来进行施舍。

王宫平台上栩栩如生的战象雕刻。王宫由于是木制建筑，早已无存，但巨大的台基却保留了下来。

通往瓦普寺的山路。在西侧有一条直通吴哥的小道，在古代这条道路连接起了吴哥和它的这个北方中心——占巴塞。

瓦普寺上的雕塑。与柬埔寨、泰国的吴哥雕塑如出一辙。

瓦普寺主殿西面的侧殿。只剩下石头的大门和半截残墙。

傍晚的吴哥窟。

独立纪念碑侧西哈努克的纪念像。

独立纪念碑。

波法娜。在众多照片中，我一眼就看到了她倔强的目光。

巴戎寺巨大的面孔。有人说，这副面孔虽然名为观世音菩萨，但实际上是国王阇耶跋摩七世的脸。

目　录

序言

东南亚：

最陌生的

邻国

中国与东南亚互为近邻。但我们真的了解我们的东南亚邻居吗？

我们经常谈到的国家就是泰国，这里是中国人旅行的热门地点，阳光、海滩、无拘无束的感觉。但是，我们很少知道，泰国还是近代以来唯一没有沦落为殖民地的东南亚国家，这个国家的王室从公元1782年起就统治着那里，那时候恰是中国的乾隆时期。

对越南，我们的了解也是有限的。比如，读者是否知道，在北宋之前，越南的北部只是中国的一部分？越南人自己将这之前的时光称为北属时期。唐代的战乱不仅让中国陷入了一片乱局，还让南方一片领土永久性地脱离了中国的怀抱。

读者是否知道，其实在越南独立的时候，在它的南方还有着一个叫作占婆的国家，占婆国家的人种与北方不同，而可能与中国台湾岛早期的居民有着血缘关系？越南北部虽然独立，但依然保持了古代中国式的体制，而如果一个人到了占婆，却仿佛是到了印度，不仅因为那儿的人与印度南部人的模样更为接近，还因为印度对它的文化影响力比中国大得多。

不仅仅是占婆，事实上，包括现在的泰国、缅甸、柬埔寨，都能够感受到浓浓的印度风情。当我们去吴哥窟的时候，看到的寺庙其实是印度式的，那里既有佛教，也有印度教的影子。他们的人名都是印度化的。对于中国人来说，吴哥窟的国王名字如同一堆奇怪的组合，如阇耶跋摩、因陀罗跋摩，等等，但他们所使用的，却只不过是印度宗教中常见的名字罢了。

东南亚这个被欧洲人称为印度支那（Indochina）的地方，结合了印度（Indo）和中国（China）两个词，其实在文化和社会上更偏受印度的影响，只是到了唐宋之后，中国的影响力才越来越大。

我写完《印度，漂浮的次大陆》一书之后，开始考察东南亚这个紧靠中国和印度的特殊区域。和读者一样，我在最初的考察中，发现这个区域虽然经常出现在我们的谈论之中，但是，我对这些国家的历史竟然也是一无所知。经过了四个多月的考察，无数次的奔波、交流、体验和查阅之后，我才初步了解了这个区域的历史、发展逻辑，以及历史上与中国的特殊关系。《三千佛塔烟云下》就是这次考察的报告。

我对东南亚的接触从越南开始，那时候恰逢我写作小说《告别香巴拉》和历史游记《印度，漂浮的次大陆》，需要一个安静的地方，于是来到了越南北部的小城萨巴。这里位于东南亚最高峰番西攀的对面。时值夏天，越南大部分地区都处于高温笼罩之下，只有这座小城却湿润凉爽。我在租住的房间里，每天点两瓶啤酒，面向着对面大部分时间藏在云中看不出形状的山峰，完成了小说的主体部分。

在停留半年多之后，我正式开始了东南亚半岛的旅程。这一次，我依然从越南北部出发，一路向南穿越越南，经过了越南的首都河内、曾经王朝的中心顺化，还有中部占婆的大城市会安和芽庄，最后到达了胡志明市。在胡志明市修改稿件停留了一个月之后，我进入柬埔寨，参观了柬埔寨历史上的几个首都，也看了柬埔寨大屠杀的纪念馆，之后进入泰国的东部。游玩泰国之后，我坐飞机进入缅甸，去寻找缅甸历史上的几个著名都城。在这里，由于夜晚在火车站过夜，我得了登革热，这是我旅程中第一次值得一提的疾病。最后，从缅甸回到泰国，从陆路进入老挝，回到云南。

到了2019年，我陪着父亲再次来到了东南亚，游玩了柬埔寨、缅甸、泰国三个国家，对缅甸的变化尤其感到惊讶，这一点会在后文提到。

也许只有在东南亚的旅程中，才能理顺这片在历史上云山雾绕的文明。这里，我试着将东南亚的历史做一个简单说明。

能够从历史上追溯得到的最早的东南亚人分成两部分，一部分位于海边和群岛上，属于说南岛语系的人群（南岛人，Austronesians），而在大陆东南亚部分则分布着说南亚语系的人群（南亚人，Austroasians）。这两部分人群可能都是从中国大陆地区出发的，其中南岛人从中国大陆沿海来到了台湾，并从台湾出发深入到太平洋的一些岛屿，也包括越南海边的占婆地区。而南亚人可能从中国南方的某个地方出发，进入了东南亚地区，并从大陆部分的东南亚向东方的群岛扩张，在海岛上与南岛人群相遇。

本书所写的越南、柬埔寨、泰国、老挝、缅甸属于南亚人的区域，因此除了占婆（南岛人）之外，大部分都属于南亚语人群，越南语、高棉语、孟语等均属于南亚语系。

早期占据东南亚大陆部分的人群包括五个部分：越南北部的越人、越南中部的占婆人、越南南部和柬埔寨直到泰国东部的高棉人、泰国中西部和缅甸东部的孟人，以及缅甸西部的骠人。这些人群建立的国家并不以现代的国界为边界。比如，在泰国的东部，至今留有大量的吴哥式的遗址，这些遗址受到保护的状况甚至比柬埔寨都好得多。这些遗址很少有国人去过，于是我都一一做了详细的考察。

而泰国西部，则与缅甸东部地区一样，是孟人的地区。这五个地区，除了越南北部受到中国影响之外，其余地区大都受到印度的影响，它们在受到佛教影响的同时，更多的则是受印度教的影响。

那么，我们经常谈论的泰人（泰国主体民族）和缅人（缅甸主体民族）又在哪里呢？在我前面谈到的五部分中，并不包括泰人和缅人。

其实，说汉藏语系的泰人和缅人都可能是从云南出发的后来人群。也就是说，东南亚最早的文明是占婆人、高棉人、孟人和骠人文明，而到了后来，泰人和缅人才进入东南亚。

但是不要小看这两个年轻的民族，一旦他们离开了云南西部和南部的群山，来到了东南亚的平原，就显现出巨大的活力。正是后来到达的泰人与缅人，与越南北部的越人一起，将原来的几个主要民族（占婆、高棉、孟、骠）压缩了。有的早期民族甚至灭亡了，比如，在越人的压迫下，占婆人的主体消失了；在泰人和缅人的共同压迫下，骠人也退出了历史舞台；而孟人则被压缩在泰国和缅甸的夹缝中，最后变成了缅甸的一个小邦。

早期民族中，唯一幸运的是高棉人。如果再持续几百年，这个民族本来也会在泰国和越南的压力下逐渐消亡，但在它还没有消失的时候，历史就进入了近代。因此，高棉人的柬埔寨幸存了下来，但这也是以版图不断缩小为代价的，而在泰国的东部和越南的南部，有许多地方都属于古代的高棉地区。

新来的泰人（泰国和老挝）和缅人（缅甸）也主要受到了印度文明的影响，但他们选择信仰上座部佛教（从斯里兰卡传来），因此避免了来自印度的印度教和伊斯兰教直接的冲击。

也就是说，东南亚大陆五国的来源是不同的，其中越南整合了北方的越人、中部的占婆和南方高棉的一部分，组成了现代的越南，是一个整合体。而柬埔寨的民族比其他几个国家更为古老，是强大高棉帝国（历史上被称为扶南、真腊和吴哥）的后代。泰国、老挝和缅甸属于新兴国家，都是由后来的人种建立的，其中泰国和老挝的主体都是泰人，他们的国家整合也较为彻底。而缅甸的中部已经由缅人整合完毕，但在它的周边还有着许多山区里的小民族（包括古老的孟人），构成了一个小型的帝国圈，还没有整合成现代意义上的国家，就已经面临西方的入侵了。

到了近代，中国、印度和西方如何影响东南亚，我在本书中都有相对细致的描写，读者可以参考。

熟悉了这段历史的演化框架，读者再阅读起来，会少一分陌生的感觉，更能把握那纷纭繁复的历史脉络。

我在多年的旅行中，发现世界城市建设有两种截然不同的风格。这个发现最初就诞生在东南亚旅行时。

在东南亚，我的最大感受，就是生活的便利和小贩的经商自由。曼谷、胡志明市等大城市中，我们处处都能见到各种各样的小贩。在胡志明市，卖啤酒的妇女蹲在街头，给路过的人们随时倒上一杯加了冰块的啤酒。清迈的夜市熙熙攘攘，各种摊贩占满街道，到了第二天早上，如果去到前晚的夜市，会发现人们在临走时已经将场地打扫得干干净净。自由市场创造着商业机会，并形成了自我约束的规则，而人们都愿意去遵循这些规则，这样才能最大化自己的利益，这就是最好的自发秩序。

当我在中亚地区旅行时，不管是在撒马尔罕还是塔什干，我看到了另一种城市的风格，在这些城市中行走会让你感到如同走在一座花园城市之中。这里干净整洁，充满了秩序感。但是看久了就会发现这些城市总有一些问题存在，那就是：它们并不适于生活。这样的城市街头很少有商贩的存在，人们想买东西必须走很远，因为路边的房子也都太过于高大上，如果卖普通的商品就不划算了，只能卖奢侈品。这些城市看上去那么美丽，却缺乏便利性，代表着统治者对秩序的追求。类似这种的观察和体会在书多有体现。

"亚洲三部曲"的写作各不相同，但有一个共同的特点，那就是：由于这是我早期的几本书，保留了更多练习写作的痕迹。在《印度，漂浮的次大陆》中，我写了较多的历史，刻意减少自己的存在感，以纪录片的手法进行写作。而到了《三千佛塔烟云下》，我又有意地往回调整，增加了感悟和体验，希望能够带来更多的活泼性，同时也不减少它的知识性。到了《穿越蒙古国》，我则完全采取了一路观察的游记写法，个人的体验更加丰富，但是，为了兼顾知识性，我又设立了单独的一条线讲述蒙古人的前世今生。回头来看，这三种写法各有千秋，但正是这样的不断练习，让我后来的写作受益匪浅，可以自由地在各种笔触间跳跃，这种技术的积累就来自于"亚洲三部曲"。

引子

当印度

邂逅

中国

2013 年 2 月 13 日，也就是中国的大年初四，泰国的一座小城佛统（Nakhon Pathom）举办了一场热闹的春节集会。其热闹的场面和充满喜气的面容构成了一幅生动的海外华人图景。然而，更让我感兴趣的是，在这里我见证了"印度邂逅中国"。

佛统曾经是传说中的城市，泰国人普遍认为这里是整个泰国历史上的第一座城市，也是佛教传入泰国的第一站。这里的佛统大塔是世界上最高的佛塔，吸引了众多的游人，从火车站一出来，映入眼帘的就是这个金光闪闪的大家伙。它有一百多米高，在周围低矮的建筑群中如同一座巨大的金山坐落在路的那一头。

在中国春节期间，围绕着佛塔举行的一系列集会成了当地人逛街的好时光，寺庙的院墙内，小贩们摆出了传统的食品：糯米竹筒、烧烤，以及各式各样的水果、果汁、冰雪制品。卖各种日用品的人们组成的集市同样庞大，孩子们游戏其间，成人们则在拜佛的空隙里购买食品和用品。

拜佛的人们摩肩接踵，有的人祈求象征好运的铃铛，再请僧人利用滑车升到佛塔的顶端，有的人将硬币挨个儿投入面前的几百个碗中，还有的人在募捐箱前布施。僧人们在给游客算命，印度教的教士用舌头把咒符舔一舔，再贴在信徒的额头上。

但吸引我注意力的，却是在寺院门口举行的带有中国和印度色彩的晒神活动。

活动就在街道上举行，在佛寺院门口的右侧街道上停着十几辆汽车，每一辆汽车的后斗都拉着一个印度的神祇：吹笛子的克里希那、象神甘尼释、蓝颜色的罗摩和大神湿婆，还有许多我叫不上名字的。这些神像旁边坐着的是泰国面孔的男女祭司，喇叭里放着喧嚣的印度音乐，使人一眼就看到了印度教和印度文明对泰国的影响。

在历史上，也许没有其他文明对东南亚的影响力超过印度，他们给这里带来了印度教、佛教的信仰，也带来了宗教化的社会结构。当然还有贸易和文化，我们行走在柬埔寨、老挝、缅甸和泰国时，都能感到东南亚文化从某种程度上说就是印度文明的一个延伸部分。

然而，就在车队的前方，正对着寺院大门的地方，是九顶大红色的中国轿子，轿子上抬着的是中国人熟悉的观音娘娘、太上老君、孔夫子和关二爷。一群泰国人在轿子旁边吹吹打打，舞狮子的人们穿着戏服等待着上场，几个年轻人组织着游客从轿子下面的空隙里钻过，献上他们的供奉，并获取神祇的祝福。

在不远处，一群红衣姑娘举着手中的佛牌，佛牌上写着"瑶池金母""太后圣母""哪吒太子""玄天上帝""财神老爷""大圣佛祖""圣母娘娘"。看见手拿相机的我时，她们扭头偷偷地笑着，仿佛更多是出于好玩，而不是虔诚。

中国的宗教善于制造热闹，大批的人们被吸引过来。一个穿着红色娘娘服的姑娘尤为活跃，后来我才看出来，她就是这次活动的主角，或者说主持人。她戴着凤冠，一会儿拍着手，一会儿吆喝着，把周围人的情绪越炒越高，人们如同痴迷般跟着她唱着、笑着。警察们维持着交通秩序，既要保证活动进行，又要保证来往的汽车通行，要知道，活动的场地就在当地最重要的街道上。小贩们也都闻风而至，他们知道这里蕴藏着商机，便抢占着有利地形，售卖食品和宗教用品。戴凤冠的姑娘用枝条沾上水，向着人群播洒，人们纷纷涌上去希望能够沾点儿福气。

与中国神祇的风光不同，旁边的印度神祇逐渐断了香火，游客们喜欢热闹，印度教车队除了拜佛，没有安排众多表演，更没有安排群众参与活动，几个祭司无聊地坐在汽车上等待着。一个守护神祇的中年妇女见我来来回回路过，总是大笑着向我招手，看她轻松的神色，仿佛根本不在乎我是否捐钱，也不在乎有没有人捐。而在中国轿子旁，人群满满当当，随从们汗流浃背。

戴凤冠的姑娘一声令下，从中国轿子旁冲出了一群年轻人，他们分成了两拨，一拨仿佛带着永远放不完的鞭炮，另一拨则抬起了轿子。戴凤冠的姑娘如同一位指挥千军万马的将军，有条不紊、又故意制造点混乱地指挥着她的人马。舞狮子舞龙的人已经出动了，在噼噼啪啪的鞭炮声中，红色的狮子翻腾着经过印度车队，青年们抬起神祇坐的轿子拼命地颠簸着，他们要把轿子上插的花朵全部颠到地上，却又不能把神灵摔下来。有的轿子上花插得松，一颠就掉了，有的插得很紧，到最后还有一枝花顽强地保留在关二爷的轿子上。

他们又跳又笑，折腾了一个小时，等鞭炮放光时，戴凤冠的姑娘也许感觉到小伙子们累了，一声令下，所有的活动都停止了。

突然，小伙子们扛起轿子，在前面带路，离开了大塔寺院的大门，他们带着浩浩荡荡的队伍向远方走去，众多的善男信女缓缓地跟着前行，指挥交通的警察们松了一口气，我这才明白过来，活动已经结束了。

中国神祇们离场之后，印度教的神祇也开始离场，他们懒洋洋地坐着汽车，带着不多的信徒离开。我在印度旅游时，总是被奔放的印度乐曲吸引得想要随风摇晃，但此刻的印度音乐显得有些无精打采。在他们离去之前，我走到那位不断跟我打招呼的中年妇女身边，向她守护的募捐箱里投了 20 个泰铢，她笑得更甜了。

当他们都离开，我望着突然空荡荡的大街，才知道我见证了一次当"印度邂逅中国"的场景。对于中南半岛而言，他们早已经习惯了这样的场面，因为这样的邂逅已经存在了几千年；可是对于我，却第一次产生了这样直观的感受，意识到东南亚特别是中南半岛这个巨大的区域在历史上的地位：它们继承印度的宗教、贸易和中国的文化、政治，在这里，两个超级文明相遇了。

当西方人创造"印度支那"（Indochina）这个词的时候，也许恰好发现了这个特点，这个词由一半印度（Indo）和一半中国（china）组成，暗示了这个半岛是印度和中华文明的延伸。

可是，东南亚又在继承中孕育出了自己独特的品质，当我这个中国人来到这里，感受到的不仅是熟悉，还有陌生感、好奇感和探究感，仿佛在看一个堂兄弟，虽然是亲戚，却早已不是一家人。

Indochina，这个词除了暗示文明来源之外，还暗示了两大文明的影响次序。两千多年前，当中华文明还局限在中原，南方仍然属于未知区域的时候，从南亚次大陆来的商人们已经将印度教和印度文明介绍给了半岛的人们。于是，Indo 来了，China 还没到。印度人带来了印度教，更带来了贸易和文明，除了越南北部，中南半岛的大部分都受到了印度文化的影响，占婆人、高棉人、孟族人相继建立了伟大的国家。

秦汉的统一使得中华文明终于扩张到了半岛地区，秦朝在两广、越北一带建立了三郡，汉代在靠近今天中缅边境地区设立了永昌郡。

中国人的影响不是宗教式的，而是政治性的：把中央帝国的模式传到这里，从此以后，半岛的王国被纳入了中华政治圈：在中央王朝的眼中，它们如同围绕太阳旋转的星星，不仅要向中国称臣，还要纳贡；甚至有的国家开始学习中国模式建立属于自己的小星系，比如，缅人建立的三个王朝都更像是一个小型的中央帝国，统治着周围的众多部落。

转眼之间，占婆王国消失了，孟族衰亡了，就连强大的高棉人经过繁盛之后，也衰落了。在旧民族离开的同时，一批新的民族登上了舞台，越北的越族（京族）人成为主导，最终将占婆王国吞并、吸收；缅甸的骠人来了又走了，把舞台留给了最后来到的缅族人；出自中国云南的泰人则占据了半岛中部广大的土地，从这里诞生了现代的泰国和老挝。

在新旧交替的时代，印度教也逐渐让位给佛教。从印度来的宗教文明仍然在半岛居于统治地位。但是政治和民俗上，半岛却进一步吸收了中华文明的特征，使得中国的影响逐渐超过了印度。

然而，当我们刻意把半岛作为一个整体，讨论它与印度、中国之间的关系时，却忽略了一个事实：不管历史，还是现在，半岛上的几个国家差别之大，也许是其他地区无可比拟的。

历史上，除了泰国和老挝之外，其余几个国家的主导民族来源都是不同的。

越南人最接近于中国南部的少数民族，在宋代时就从中国独立了，虽然与中华文化有许多一脉相承之处，但也有许多独立的特点，与中原一样，他们信仰儒、道和大乘佛教，却又有自己独特的高台教。他们崇拜孔夫子、关圣人，却又有自己独特的民族圣人陈兴道。

越南南部曾经是占婆人的天下，占婆这个已经消失的历史大国，信奉的是印度教，甚至他们的人种也和北部的越族人不相同，他们来自海上，语言上属于南岛语系，与中国台湾、菲律宾土著，甚至新西兰毛利人、南太平洋海岛民族的亲缘性更大一些。

柬埔寨代表的高棉人与越南的越族、占婆人又完全不同，他们拥有辉煌的历史，这个勤劳的民族用最原始的工具兴建了世界闻名的宫殿——吴哥窟。不仅仅是吴哥窟，在暹粒周边数百公里内，甚至一直扩展到泰国和老挝境内，有多少吴哥时期的遗迹啊！可惜，如此辉煌的文明最终被埋没于雨林之中无人知晓，西方人来到时，以为只有罗马人才能建立如此伟大的奇迹，并设想了罗马人跑到东南亚的神话。

记录高棉人成就的，反而是一个中国人，他在元朝时期记录下的吴哥与今日之吴哥完全吻合，这更反映了东南亚和中原的特殊关系。

柬埔寨北面的老挝和西面的泰国又有着不同的历史。他们是后来才到达这片奇异的领土的，却颇有活力，建设了稳定的政权。泰国，作为东南亚的稳定剂和平衡剂已经存在了几百年，我们甚至无法想象一个没有了泰国的东南亚。

从语言上讲，各国之间的差别也相当惊人。

越南语、占婆语、高棉语、泰语、缅语来源几乎都不相同，只有老挝人的语言属于泰语的一个分支，在中南半岛旅行时，语言障碍始终是无法避免的。

在第一天进入越南的火车上，我向一位漂亮的越南姑娘学习了越南语的数字说法：嗼、嘿、叭、嘣、喃、哨、呗、哒、噤、嗼唉。根据我的经验，你可以不会一个国家的语言，但是你必须学会这个国家的数字。

到了芽庄，事实证明我的观点是正确的。那一天，我和一位路上认识的朋友正在菜市场买水果。我们指着香蕉用英语问道：多少钱？

卖香蕉的妇女看出来我们是外国人，但出于习惯还是用越南语轻声地说了一句"嗼唉喃"，接着开始拿手中的钞票，她拿出了两万五千越盾，指了指香蕉，意思是两万五千盾一公斤。

"可是你刚才说'嗼唉喃'，对吗？"我用英语问道。我掏出笔写了个一万五，又指了指香蕉。

妇女没有想到我能听懂数字，显得有些尴尬，害羞地笑着点了点头。于是我们花了一万五就买到了香蕉。

当然，这并不是说越南人喜欢欺诈。事后，我们再到这位妇女那儿买水果，她总是讨好般地多给我们一点儿，内心似乎还充满了内疚。

然而，我从越南到达柬埔寨的时候，却发现这招用不上了。柬埔寨作为旅游国家，有许多人都会英语，而在不会英语的偏僻地区，当地人淳朴得不会虚报价格，我学的数字已经没有用武之地了。

到了泰国，更用不着了。这里的英语普及率也很高，我甚至还能遇到许多说汉语的人。泰国人的热情好客也让人印象深刻。中国有一些背包客在这里甚至可以不花一分车费游遍泰国，原因在于泰国人虽然收入不见得比中国人高，但由于土地私有，许多人在乡间拥有自己的土地和房屋。他们并不渴望大城市生活，而是买一辆小汽车，自由自在，再有多余的钱就习惯于做一些布施。这些人开着车在路上时，碰到有背包客总是乐于免费搭载。

只有到了缅甸，我才感觉像又回到了越南，有学数字的必要。在这里不仅要学习怎么说数字，还要学习怎么认识数字。缅甸用来表示数字的并非阿拉伯数字，而是特殊的符号。比如，数字"三"在缅文中像一个朝左的小螃蟹爪子，"四"则像一个向右的螃蟹爪，于是，我每次向外国朋友介绍四十三路公交车的时候，总是告诉他，车的前面画了一对螃蟹爪，你只要看见了，准错不了！

几个国家的交通规则也是不一样的。在越南和柬埔寨，车辆都是左驾驶右侧通行的大陆规则，到了泰国则变成了右驾驶左侧通行的岛国规则，在柬埔寨和泰国之间的界桥上，行人先是右行，走到中间后就必须换到左边去。更为神奇的是缅甸，它综合了两种规则的不便利，驾驶员在右侧，行驶也是在右侧，据说这是缅甸当局为了抹去殖民地的记忆，一夜之间下令改变的规则。至于到了老挝，就等于没有规则了，各种车辆和道路都会碰到。

从 2012 年 11 月到 2013 年 3 月的四个多月时间，我从国内出发，游览了越南、柬埔寨、泰国、缅甸和老挝的 70 个地方。当北京正在经历有记录以来最寒冷的冬季时，我却在东南亚的热带气候中挣扎，除了在泰国北部和老挝找到一丝凉爽的气息，其余地方始终炎热，到处是蚊子和蚂蚁。

没错，那儿的昆虫成了人类的大敌。在越南的胡志明市，一群蚂蚁乘着夜色潜入了我的房间，把我当成一条肉虫，趁我睡觉时往我的身体里注射了许多蚁酸。半个月后，我的伤口还没有愈合，最后，我只能把伤口重新打开，把内部的蚁酸全部清洗掉。不仅在越南，在柬埔寨、缅甸我也遭到了蚂蚁的叮咬，一只很小的蚂蚁就能让人体会到钻心的痛。

那儿的蚊子也和国内不一样，它们不带嗡嗡声，总是无声无息地落在人的皮肤上，又悄悄地离开。在缅甸，由于我在火车站睡了一夜，脚被一种蚊子叮咬后开始肿大，而且长期不消肿，接着我开始发烧，浑身的关节疼痛难忍，被咬的部位开始溃烂化脓。那些天，我的包里随时装了一大瓶 Grand Royal 威士忌，随时拿出来喝一口，再往脚上的伤口上喷一口消毒。在仰光的旅馆里，一位意大利女孩惊讶地发现我提着酒瓶子从洗澡间里歪歪扭扭地出来，以为碰到了大号的酒鬼，我只好指了指脚上的伤口，她才明白那酒主要是给脚预备的。

我的行程中还塞满了各种各样的汽车和火车。除了柬埔寨和老挝没有火车之外，其余三个国家的火车各有不同。越南的火车路轨比中国窄，硬座是木头的，由于票价不便宜，据我观察，始终没有坐满过。泰国的火车四通八达，票价差别大，最便宜的一档只相当于汽车价格的三分之一，有时候花几块人民币就可以坐半天的火车。有时候甚至还会碰到免费火车，售票员会打出一叠免费的票放在窗口，票面上除了标明上下车地点，还会刻意标出一个"0"，表示免费，任何人都可以去领一张。到了火车上，检票员还会装模作样地在标价为"0"的车票上打一个孔。当我花钱超过了预算、想省钱的时候，就坐上火车去旅行，下车之后睡在车站里，几天下来，旅行支出就回到预算以内了。

然而，在泰国的方法用到缅甸就行不通了。一是缅甸车站上的蚊子太毒，最好不要去诱惑它们。二是因为缅甸的火车像兔子一样会跳跃，当人们躺在火车上休息的时候，火车会突然跳起来把人们抛到地上；有时候火车又像难以驯服的烈马上蹿下跳，到这时人们必须跟随着它的节奏调整自己的身体，掌握不准技巧的外国人甚至会把茶杯扣到脸上。

但不管经过多少折腾，当我完整无缺地回到中国的时候，才发现，相比于北京的寒冷，我还是更喜欢热带的温暖。在泰国，人们可以光着脚四处逛庙；在越南的海边可以把自己泡在海水里，直到身体泡胀，如同一摊烂海蜇；在缅甸，男人们也穿上花枝招展的裙子卖弄风骚。于是，我决定暂时不回那遥远的北方，而是停留在广州，至于我的思绪，却仍在那片一半印度、一半中国的土地上。现在，让我们开始这历史和现实的回忆吧。

第一部

越南，解不开的中国缘

越南离中国有多远？

如果要回答这个问题，只需到古老的还剑湖和玉山祠去看一下，就有了答案。

在越南的首都河内，有一个著名景点叫还剑湖，它紧靠在旧城的南部，如同一座绿色的明珠镶嵌在红河平原之上，湖岸绿树成荫、柳暗花明。

如今的还剑湖已经成了旅行者的大本营，也是本地人晨练、活动的地方，但在历史上，这片湖水的地位却很像北京的一连串海子、南京的玄武湖、杭州的西湖，是越南王室的休闲地。唯一不足的是，还剑湖的面积并不大，围湖走一圈只需要半个小时。

它之所以叫还剑湖，是因为越南后黎朝的开国皇帝黎太祖在反明起义中曾经得到过一把名剑，正是依靠这把名剑，他赶走了明朝的入侵者，恢复了大越国的独立。复国后的黎太祖有一次在湖上玩耍，突然从水中出来一只大乌龟，将他的剑带入了水底。按照传说，剑是上天赐给黎太祖的礼物，又由大龟拿走归还给了上天，从此这个湖就成了还剑湖。这个小小的湖泊本身也成为河内乃至越南的象征。

在湖的北侧，湖水环绕着一个小小的岛屿——玉山岛。岛上有一座祠堂叫作玉山祠。从位置上说，玉山祠建立在王国的心脏地带，是国家权力传承的象征；那么，到底谁才有资格在这个祠堂里得到供奉呢？

跨入祠堂的前殿，映入眼帘的是大名鼎鼎的孔圣人、道家老子和关圣人。

前殿有一个牌匾上还用中国字写着"九天开化"。在牌匾的下方就是三位圣人的塑像，关圣人在前，红脸黑胡子加上绿头巾，和中国电视剧里的形象如出一辙；老子则穿着道袍站立中间；孔圣人戴着金翅帽，更像是一个皇帝而不是书生，当然，这里他的名字采用了更加正规的封号"文昌帝君"。

三位圣人的出现印证了越南和中国的文化传承关系。在法国入侵之前，越南文化很像是中国文化的复制品，他们信奉的是中国的儒家和道家，佛教信徒也大多信奉从中原传来的禅宗（北传大乘佛教的一支），而不是和泰国、缅甸那样的小乘佛教（南传佛教）。他们的文人墨客用汉字书写，学习的是汉文经典。在越南旅行，至今仍然可以看到文物古迹上无处不在的汉字。他们的朝廷形制也与中国相差不大。

但如果仅仅把越南当作中国文化的复制品，那又错了。如果接下去参观玉山祠，就会发现不一样的地方。从供奉三位圣人的前殿向后走，进入最后一层大殿，里面又供奉着谁呢？

后殿里供奉的人头戴金冠、面色红润，目光炯炯，他头顶上悬挂着巨大的匾额，上面写着"千古伟人"四个金字。他面前的排位上写着他的名号"兴道王陈国峻"，而历史上人们则习惯于称他为"陈兴道"。

从殿堂的布局来看，陈兴道才是整个祠堂乃至整个玉山岛的主人，前面三位圣人只不过是为了给他做陪衬。

越南人在继承了中国文化之后，又找到了属于自己民族的人物，陈兴道并非一位帝王，也不是传说中的人物，而是一个实实在在的历史人物。那么，他又做过什么？为什么能够把开国的帝王都比下去，成为一面旗帜，将越南文化从中原文化中分离出来，形成独立的门派呢？

乍一看上去，陈兴道并不是一个独创的人物。越南向世界介绍陈兴道的时候，只是谦逊地称他为一位杰出的学者，贯通儒道，精通兵法，并写得一手好文章、好诗词（用汉字书写），他看上去更像是汉代的张良、明代的刘伯温。但这并不足以让他成为标志。那他又是凭什么脱颖而出，成为越南的民族标志呢？

在探寻这个问题的答案之前，我们不妨先看一看越南两千多年来的历史，或许从历史的线索中，我们能够发现陈兴道的奥秘。

于是，让我们把目光投向河内北部，一个叫作古螺的小村子……

第一章

中国王子的悲剧姻缘

在越南河内的北部，有一个中国人一般不会去的景点叫古螺（Co Loa），这个如今的小村落被一堆断垣残壁包围，中间有几座建了又重建的寺庙，整体看上去破破烂烂，中国游客常常看不上眼。

然而，这个景点却展现了中越复杂的历史关系，将我们带到了越南的上古时期。古螺是古越南被南越王赵佗所灭之前最后的首都，也是越南脱离中国控制后，建立的第一个首都。从这个角度说，古螺摘取了越南多个第一：第一个堡垒化的城市、第一个有迹可循的首都、第一个独立自主的象征。

关于越南人的起源，人们普遍认为他们属于中国古代的百越民族。现在叫作越南的疆域内，曾经出现过一种被称为"和平文化"的中石器和新石器时代遗存，开始时间大约在公元前 10 000 年左右。公元前 1000 年前后，越南人开始制造一种叫作东山铜鼓的器具，这类铜鼓在中国境内也有分布，在广西、云南等地，至今仍有人使用。然而，不管是和平文化，还是东山铜鼓，都表现出与中国云南、广西一带少数民族的相似性，却不同于中国的中原文化。

接着，越南逐渐从考古学时期走进历史和传说混合时期。传说一个叫作文郎国的国家曾经统治着越南北部的土地，继之而来的是一个叫作瓯雒国的国家。瓯雒国定都封溪，封溪的所在地就是如今河内以北的古螺城。

秦始皇时期，中国的汉人政权将它的势力扩张到了广东、广西一带，居住在越南的古人终于与中原文化直接相撞。

秦朝攻占了瓯雒国的北部地区，并在百越地区建立了三个郡（桂林、南海、象郡），其中象郡已经深入越南北部。不过，此刻的瓯雒国虽然被削弱了，却仍然存在，它只是丢失了北面的领土，但王室仍然保持着独立。

但就在这时，一位叫媚珠的姑娘出生了。她和一位中国王子的不幸婚姻成为越南历史的转折点，并影响越南达千年之久。

我从河内挤满了背包客和相机的旧城区走出来，顺便搭上一辆公交车，到了东部的 My Dinh 汽车站，从那儿搭乘 46 路公交车晃荡了一个多小时，终点下车就是古螺。

一路上，汽车窗外都是一片片水田，由于季节原因，水田还没有变绿。刚刚到达越南的我由于旅途劳顿，在车上迅速进入了深层次的睡眠。司机把我叫醒的时候，我才意识到已经到了。

从车上下来，我才发现自己大意了，古螺也是个村庄的名称，如果我寻找的遗迹不在村庄最显眼的地方，由于语言不通，我很难向当地人打听清楚该怎么走。但很快，我发现自己多虑了：只有去了那儿，才知道古螺在它辉煌的年代到底有多大。

实际上，现在的古螺遗迹群是一大片地区，这片地区分布着复杂的水系、城门、城墙及庙宇。这些遗迹大部分都以土堆和水坑的形式存在，可是，当你第一眼看见它们，便会立即明白这里曾经出现过一座多么大的城市。

在城市的正中心，是一个矩形的区域，这里就是城墙所在，在矩形区域外面，还有至少两道城墙遗迹，遗迹上分布着一座座城门。从空中俯视，这一圈圈城墙就像蜗牛的螺旋线一样绕来绕去，古螺城这个名字对于它显得多么贴切！

在矩形区域的正中心，有几座寺庙。这里祭奠着那些越南的历史人物，从失掉越南的瓯雒国王到夺回越南的吴权大帝，他们都和古螺联系在一起。城中主寺祭奠的恰好是瓯雒国的最后一任国王安阳王。

然而，最吸引我注意的却是在主寺旁边的一座小祠堂，这座小祠堂只占据了主寺左边的一个小角落，如果游客不仔细看，甚至发现不了它。祠堂门口写着一副对联：

千载上是那非谁能辨之龟爪弩机传外史

五伦中父与夫果孰亲也蚌胎井水独深情

也只是看到了上面的对联，我才意识到，这就是为媚珠姑娘建的小祠堂了。也正是这个媚珠，演绎了越南历史上第一个凄美的爱情故事。

越南王室历史上，从皇室到庶民，无不为了爱情如痴如狂，我将要寻找的陈兴道就是这样的人，而间接帮助越南夺得了顺化地区的玄珍公主更是敢爱敢恨。但这些情种的源头，却是那个叫媚珠的瓯雒国公主。

和媚珠悲剧相联系的几个角色，一个是中国著名的南越王赵佗，另一个是越南最后一任独立国王、瓯雒国的蜀泮（号称安阳王）。

秦末之时，群雄并立，秦朝的南海郡守赵佗乘乱世崛起，不仅夺取了秦在南越地区的权力，还自称皇帝，建立了南越国。建国之后的赵佗立即决定向瓯雒国进军，继续向南扩张，但他此刻却遇到了一位强大的对手——安阳王。

根据传说，安阳王有一种厉害的兵器叫龟爪弩机，是用神龟的爪子做的，打仗几乎是无往不胜，正是这种先进的武器，让赵佗的屡次进军都无功而返。为了获取安阳王的秘密，赵佗派他的太子仲始执行一项重要的任务——赢得安阳王公主媚珠的欢心。

于是仲始前往瓯雒国，他果然赢得了公主的心，经过求亲，他们喜结连理，并且相亲相爱。

但这时，赵佗指示自己的儿子从公主的口中套得武器的秘密。爱情的快乐已经迷住了媚珠的双眼，对于年轻的公主而言，到底是父爱更重要，还是对丈夫的爱情更重要，成了这个不幸女人必须做的选择。在那副对联里，后世的文人对媚珠姑娘充满了同情，也道出了这个千年的困惑：五伦中父与夫果孰亲也？

公主最终选择了丈夫，将秘密透露给了仲始，并约定将和丈夫一起逃往北方。赵佗的军队带着武器的秘密长驱而入，瓯雒国的军队瞬息瓦解，越南独立的时代终止了，并且从属于中国长达一千多年。

当安阳王知道泄露瓯雒国军事机密的就是自己的女儿媚珠时，他追上了逃亡的公主，毫不留情地杀死了自己的女儿，使得这位痴情的公主成为两国关系史上著名的牺牲品。

悲伤的仲始听说了妻子的死讯，他原以为能和妻子在北方相聚，至此他才意识到，那所谓的王朝野心，和妻子的生命比起来是多么微不足道，于是他选择了跳井而亡。最终赵佗的帝国功业致使两位相爱的年轻人只能在地下相聚了。

在距离公主祠不远的地方，有一口池塘，在池塘的正中心有一口圆形的井，井和外面的池塘仅仅由一圈薄薄的井壁隔开，井壁上长满了绿色的野草。这里据说就是仲始跳井所在。

走过了媚珠的年代，古螺城仍然存在着，并在一千年后达到了另一次辉煌：越南的吴朝太祖吴权借助五代时期中原的纷争，完成了再独立。经过了几个短暂的小朝代之后，与宋代并立的李朝和与元代并立的陈朝终于保住了独立的果实。

不过，李朝时的首都已经迁往了升龙，也就是现在的河内。那座见证了千年兴衰的都城归于沉寂，那些复杂的工事再也没有用处，只有当年爱情的见证还在被人们修了再修，一直保存到现在。

第二章

分裂和统一

秦末后漫长的一千多年里，中国给越南的文化和历史烙上了深深的印痕。

一些位于社会顶层的越南人由于羡慕汉文化，开始抛弃了当地的类似萨满教传统，接受儒家学说，学习汉文经典。从此，越南的历史，就是一部深受汉文化影响的历史。

到唐朝，中国给越南带来了新的元素——大乘佛教，或者说是，大乘佛教的中国分支禅宗。佛教在这里与早先传入的道教和儒教一起塑造了越南人的性格。

如今，越南境内拥有着大大小小的佛寺。与汉地的佛寺喜欢用红色装点不同，这里的佛寺大都是黄墙青瓦，显得格外秀气。寺庙的规模往往也不大，比起中原地区寺庙的宏伟显得更加灵性。但是，几乎所有的佛寺都使用汉字来装点，这一点或可以看出汉文化对越南的深深影响。

中国的五代十国时期，越南进入吴朝时期。吴朝的创始人是吴权，他在古螺城称王，开创了越南的独立自主时期。古螺城由一圈又一圈的城墙围建而成，从空中望去，仿佛螺旋线一样依次展开，或许古螺就是因此而得名。不过到了现在，它的城墙已经成了低矮的土埂，城门也变成了一堆堆黄土，若非旁边立了碑，或许已经没有人能够知道这座名城了。

但越南融入汉文化的过程一直没有完成，另一种异质的成分一直存在，并最终占了上风，到最后，它成了一个用汉文化武装的独立国家。

在越南历史上，还有另一座更加有名的古都，古都名叫花闾（Hoa Lu）。

如今花闾所在的城市宁平（ Ninh Binh）在南方距离河内近一百公里处。这是一座如同桂林一般美丽的城市，四周遍布喀斯特地形的石灰岩小山，小山周围河流环绕，来到宁平的游客大都冲着一个叫作三古（Tam Coc）的小村落去的。三古如同阳朔一样，是石灰岩最密布的地方，石山下是成片的池塘、蜿蜒的河流，当地人大多利用小船作为交通工具，不管是男人还是女人，都坐在船上用脚划着桨，悠闲地漂流在水面上。由于地貌的相似性，三古也被称作"陆上的下龙湾"。

花闾在三古的北面大约十几公里的地方，坐落在群山中间的一片平地上。

我和一位路上遇到的年轻人决定骑车前往三古和花闾。这里是一片仿佛仙境的世界：在片片水田中间，往往会有一些田埂般的小路向石灰岩小山延伸着，从两座山的山缝挤过，我们过了山缝，往往就会发现别有洞天。我们到达了一个四面环山的小平地上，只有几个山缝能够通向外部。不过，如此美丽的景致，当地人却用作墓地，星星点点的坟墓点缀其中，令人感到惋惜。

从三古出来后，我们沿着乡间小路打听着，向着花闾骑去。一路上，稻田和小河占据了大部分视野。水牛们懒洋洋地在田埂上寻找着野草，小黄牛撒娇似的钻到母亲的身下，用舌头舔着奶水，一群水鸟在水中寻找着小鱼。几处插秧的人累了，正在路边休息着。

这里呈现出的是一派田园景象，村子隐藏在树中间，与自然和谐地融为一体，村姑在路上闲谈，并好奇地望着我们两个不速之客。在路边的水塘里，摸田螺的大娘面对镜头的时候带着羞涩，用善良的目光望着我们。

寻找花闾花了很长时间。在我们的印象中，它是一片残垣断壁，或者仅仅残留着几块城墙上的石头。但一路上，我们都没有找到。询问当地人，他们给出的结果甚至自相矛盾，到了下午，我们都怀疑还能不能找到这座曾经的古都。

在寻找花闾的过程中，我们见到当地人在一处曾经的宫殿遗址上建了一座新的建筑，命名为长安；在另一处，我们看到越南丁朝时期建的一处山寨。在越南独立的早期，国王们与山大王并没有本质的区别，为了防止外敌的入侵，或者内部的杀伐，必须依山修建几处山寨作为防卫系统。但我们一直没有见到古都本身。

就在我们快要放弃的时候，细心的同伴发现了一条通往山缝的小路。这条小路如此不起眼，我们都认为是条死路，只是出于好奇，前往探察一下。

但出乎意料，穿过山缝之后，一片巨大的山间平地出现在我们面前。这里虽然四面环山，但面积非常开阔，有着大片的水田，坐落着几个村庄。这不就是一个现代的桃花源吗？

我们兴奋地骑车继续前行，想看一下前方到底还隐藏着多少美景。在一处山脚下，一台小型的拖拉机经过，但由于山脚的回声作用，听起来就像一个巨型的搅拌机发出震耳欲聋的声音。从山脚向左拐，我们沿着一条小路似乎是顺着另一个山缝正在离开，然而就在此刻，我们看见了一座石头做的牌坊，上面写着"南门"两个字。

我们误打误撞找到了花闾古都！怎么也想不到，花闾会坐落在一座"桃源"的中心。

这座古都是越南历史上丁朝和前黎朝的首都，也就是古螺之后的首都所在。这也可以看出越南刚独立时处境的危险：古螺城由于地处平原，无险可守。于是，越南后续王朝只能选择更加靠南、位于山区的花闾作为统治的中心。

盛世时的首都往往建立在最为富裕的平原上，而乱世时，则必须考虑山的防御价值。

坐落在山间平地的花闾依靠周围的山峰形成了极好的防御系统。在不远处，还有更加保险的山寨，一旦无法守住平原，就可以退入山寨继续抵抗。

如今的花闾，当年的防御系统大多已经荡然无存，剩下的，只是一片广场、广场上的一座亭子、几座小型的牌坊、几座寺庙，以及纪念丁朝丁先皇（丁桓）和前黎朝黎大行皇帝（黎桓）的两座庙宇。庙内古树森森、彩旗飘扬，规模比不上中国的一个亲王府。

我们不妨把吴权独立后，即越南独立早期的历史补全。

最初，吴权建立的吴朝只不过是一个小政权。吴权死后，他的小舅子杨三哥篡夺了皇位，赶走了本应继承王位的外甥吴昌岌。不过，杨三哥收留了另一个外甥吴昌文做养子。日后，正是这个养子打败了他，迎回了哥哥吴昌岌。

越南建国之初的历史也充满了温情，吴氏兄弟打败了杨三哥，不仅没有杀他，还保留了他的封爵。而吴氏兄弟也并没有因为谁当国王而争吵不休，他们两人共同担任了国王，直到哥哥去世后，弟弟才独自接过了王权。

只是，当弟弟单独掌权的时候，越南已经再次进入了分崩离析的状态。这时候的越南人还不习惯一个中央集权政府，不尊重它的地位，也不服从它的命令，于是各地豪强并起，出现了军阀林立的情况。越南人把这个时期叫作"十二使君"，意思是出现了十二个豪强势力都有着割据一方的实力。

后来，一个叫丁桓的将领从中脱颖而出，统一了越南，他开创的短命朝代（968—980）被称为丁朝。由于世事的不稳定，丁桓将古螺的政府迁往了花闾，这是由于他出生自花闾，更因为这里地形的易守难攻。

丁朝建立不久，一场类似于中国赵匡胤陈桥兵变黄袍加身的一幕上演了。

黎桓是丁朝的十道将军，也是丁朝太后的面首。在一次率军迎敌前，黎桓的部将突然召集军士宣称现在的国王太弱小，只有黎桓当上了王，才有足够的威信抵御敌人。士兵们立即山呼万岁，逼迫着丁朝太后把一件龙袍披在了黎桓的身上，这一出黄袍加身的闹剧就此落幕，越南的统治者也更换了姓氏。

后来的事实证明，黎桓的确是那位能够抵抗外敌的人，成为君主之后的他，快刀斩乱麻，很快击溃了敌人的进攻。

黎桓开创的前黎朝存在时间很短，不到30年。因为皇子年幼，前黎朝被李朝和平继承。李朝是越南历史上一个强大的的统一王朝，维持了115年。李朝最后由于没有男性继承人，将政权和平地"禅让"给了陈朝。

当政权通过继承和"禅让"出现了连续转移的时候，越南作为一个独立的政体已经逐渐深入人心了。另外，经过了丁朝和前黎朝两代，花闾也到了落寞的时候。李朝的建立带来了一个持久的首都，由于政治稳定，李朝的君主将首都迁往了升龙府，也就是现在的河内城。河内这个位于红河三角洲上著名的古城进入了历史。

花闾小城如今还是那么漂亮，却缺乏河内那样的政治意味，这或许是它的不幸，但也许又是它的幸运。

第三章

寻找陈兴道——爱情、战争和民族标志

当宋朝灭亡、蒙古兴起，越南已经经历了两百年的独立政权，逐渐培养出了独立的倾向，那么，随着蒙古人的到来，检验这种独立倾向的时机到来了。

陈兴道就是在这种背景下出现的。到底他帮助越南寻找到了民族的象征，还是屈服于蒙元的压力，重回中央王朝？也许当时的区别只在须臾之间。

我没有到达越南时，就听说从河内去往下龙湾的路上，有一个叫作昆山（Con Son）的小地方，这里曾经是陈兴道的家乡，并建有一座美丽的宫殿劫泊殿（Den Kiep Bac），每年越南人都会到这里举行陈兴道节，以纪念他们的这位民族英雄。

从河内出来后，我决定前往昆山去继续寻找陈兴道的痕迹。虽然在还剑湖的玉山祠内已经见到了他的塑像，但总是感觉，只有到了劫泊，才是到了他的老巢。

越南的长途公交车售票时只在城市设立站点，如果中途要在某个小镇下车，则必须支付到下一个站点的全程票。从河内到昆山的路程只有到下龙的一半，但由于没有站，我只能买全程票。

寻找陈兴道的第一步就不顺利。几个小时后，司机示意我下车。然而下车的地点是一个三岔路口，去往昆山还有好几公里的路程，这段路程不远不近却极为尴尬。为了摆脱摩托车司机的纠缠，我拦下了一辆开往一座北方城市的汽车，上车后才发现虽然只有几公里，但还是要付全程票。但这辆汽车又把我放在了一个岔路口，距离昆山还有两公里的路程。于是，我只好背上沉重的行囊，迈开步子前进。大概是开始行程不久，身体还没有调到最佳状态，背着巨大的包裹前行，颇为吃力。

所谓的昆山就是附近的一座小山，在山脚下有一座年代久远的寺庙。但这座寺庙不是为陈兴道而建的，它是为越南的另一个民族英雄和历史人物阮廌建的。阮廌是越南后黎朝的一个悲剧人物，他辅佐皇帝维持了越南的独立，最后却被夷灭三族。

原来，在昆山主要分布着两个景区，一个是为了纪念阮廌，而另一个更重要的是纪念陈兴道，两处相差七八公里。我走到了第一处，而第二处要从我开始步行的那个岔路口，向另一个方向前行。

于是，我又背着包走了两公里回到了路上，一辆公交车又出现了，我上了车，又是全票。然而我的屁股还没有坐热，这辆车开了不到一公里，售票员就示意我下车。此刻又到了岔路口，售票员指了指岔路示意我应该往那边走。这时我才明白，只要方向没错，售票员就会让我上车，但这些车都不是直达的，而是通往下一个岔路口。

也就是在这儿，被岔路口折腾得火冒三丈的我把水瓶往地上一摔，转身离去。我和陈兴道的约会就这样错过了，寻找以失败告终。

在搭车前往下龙的路上，我还在为这次失败的寻找感到遗憾。那准备了多时的邂逅之旅就这样飘然而逝，心里感慨着不得不与这个难得一见的情种说告别了。

是的，陈兴道作为越南的民族英雄，还是一位绝世的情种。

陈兴道所在的时期，也就是越南陈朝的陈太宗时期（中国的宋元时期）。当时的陈朝公主有两个，瑞婆公主和天城公主，他们都是陈兴道的亲姑姑。那时，他还是一位无忧无虑的少年陈国峻，还没有被尊为兴道王。其中，瑞婆公主已经出嫁，也就是在瑞婆公主家里，他见了天城公主，并深深地爱上了她。不过，天城公主已经订婚了，她的兄弟、皇帝陈太宗把她许配给了另一位宗室子弟，出嫁的日期已经确定，甚至她都已经住进了未婚夫的父亲家里，只等着成婚的日期到来就要圆房了。

按照我们的通常理解，陈国峻或者接受现实写几首郁闷诗，或者找根绳子吊死，再留份遗书嘀咕两句来世再见。这是小说家最喜欢的套路。

然而，小说家们失败了，陈国峻没去寻死，也不想一辈子抱着别的女人怀念公主。他抓住了事情的核心：那时婚姻的本质就在于谁捷足先登，不要和公主的父亲讲道理，而是赶快把生米煮成熟饭。

对天城公主来说，风流倜傥的陈国峻也远远好过那个不知脾性的未婚夫。陈国峻是当朝皇帝的亲侄子，他的妈妈不是前朝（李朝）的公主，也是当朝的皇后（这一点容下面解释）。他还是当时有名的风流才子，写诗作文样样精通，儒释道通吃，一副全才模样；做事也常常惊世骇俗，人们认为他是天生的谋略大师。

越南人有兼容并蓄的传统，佛教、儒教、道教、伊斯兰教都能在这找到自己的位置，20世纪时，越南人发明了一种叫作高台教的宗教，将上帝、耶稣、孔子、老子、佛陀都请上了高台，有点儿封神榜的味道，这种宗教正是出现于滋养了陈国峻的传统之中。

陈国峻和天城公主两心相印，于是上演了一出"西厢记"。本来公主按照皇帝的意思已经住进了未来公公的家里，就等着最后完婚了。可是公主不甘心这么出嫁，便里应外合将后门打开，让自己的侄子闪入内室。

他们的缠绵足以写成无数首情诗。

当皇帝陈太宗率领着一众人马到来时，陈国峻还在和公主缠绵着，被撞了个正着。

为什么皇帝这个时候到来？原来瑞婆公主告密了，说陈国峻卷入了情色纠纷，被天城公主未来的公公杀掉了。皇帝急急忙忙来查看究竟，没有看到侄子的尸体，反而看到了志得意满缠绵中的风流子。

皇帝顿时大怒。

陈国峻私通公主的忤逆大罪既然暴露，他面临的又会是什么？是大逆不道被处死刑，还是被赶出宗室不知所归？

都不是！他竟然成功了，抱得美人归！

由于完璧已破，公主的未婚夫毫不犹豫地"退货"了。皇帝虽然生气，却也无可奈何，连忙把这个不知好歹的妹妹交给了侄子，成全了他们。

皇帝之所以如此迁就陈国峻，还在于他对陈国峻的父亲陈柳有份夺妻的良心债要还。

越南陈朝兴起的时候，正好是中国的宋末元初，陈朝的首任皇帝陈太宗并非是以武力打天下，而是从李朝手中"禅让"来的。公元 1225 年，李朝皇帝李惠宗因为精神病禅位，他没有儿子，只有两个女儿，他把皇位传给了女儿李昭皇，是为李朝最后一任皇帝，也是一位女皇帝。

当时李朝的朝政已经把持在权臣陈守度的手上，陈守度把握机会，让他的两个侄儿瓜分了两位公主（其中一位还是女皇），李昭皇嫁给了陈煚，李昭皇的姐姐顺天公主嫁给了陈煚的哥哥陈柳。到后来，李昭皇意识到自己的皇位是不可能坐长的，顺水推舟将皇位禅让给了丈夫陈煚，于是陈煚成了陈朝的开国皇帝陈太宗。

陈煚成为陈太宗的时候只有 8 岁。12 年后，他和李昭皇的婚姻没有维持下去，因为李昭皇没有生儿子。于是，陈守度如同一根搅屎棍开始折腾，把陈氏兄弟和李氏姐妹的婚姻打乱进行重组，逼迫陈太宗放弃了李昭皇，改娶李昭皇的姐姐顺天公主。

顺天公主原本嫁给了陈太宗的哥哥，也是陈国峻的父亲陈柳，现在被逼改嫁，就像当年明皇杨妃或者高宗武后一样，带着乱伦的色彩，更重要的是，陈守度的乱点鸳鸯谱还给这几位年轻人留下了严重的心理阴影。两位公主的阴影不用多说，就是太宗和陈柳兄弟俩也都不好受。陈柳勃然大怒，迅速决定反叛。陈太宗深爱自己的哥哥，不忍看到兄弟阋墙，他受的内心折磨甚至比哥哥更大。皇帝最初想像贾宝玉一样当和尚，后来又不顾大臣的劝说，离开了首都升龙府（现在的河内），跑到乡下不出来，把叔叔陈守度晾在了一边。陈守度无奈，只好命令文武百官去乡下陪着皇帝办公。

陈柳虽然反叛，却和弟弟保持着联系。他扮作渔夫出现在弟弟身边，和太宗相拥而泣，不明白为什么闹成了这样。扮演搅屎棍角色的陈守度这时正好出现，拔剑要杀掉陈柳，太宗连忙跑到他们中间，要求叔叔踩着自己的尸体才能杀掉哥哥。最后，陈家叔侄集体和好了。

陈太宗以仁慈著称，虽然和哥哥陈柳的关系以喜剧收场，却让他总觉得亏欠了哥哥，所以陈国峻和姑姑天城公主欢好后，不仅没有受惩罚，反而抱着姑姑回了家，又是一幅皆大欢喜的画面。

然而，如果仅仅是因为爱情，陈国峻显然无法变成后来为整个越南所纪念的兴道王。人们把他叫作陈兴道的时候，甚至连他的本名都忘记了。

如今越南几乎所有的大城市里，都会有一条叫作陈兴道的大街，并且绝大部分都是主街。在胡志明出现之前，陈兴道被越南人当作第一名将来纪念，是战神和民族的象征。作为战神，他的地位足以集淮阴侯韩信的勇武、留侯张良的才华、相国萧何的文治、绛侯周勃的忠贞于一身。而在民族精神象征方面，他代表着击败蒙古人之后越南民族精神的正式形成。

关于蒙古人的入侵，早在陈兴道年轻之时，就已经发生。

公元1257年，正是蒙古人横扫中原的时期，成吉思汗已经死去，执掌大汗之位的是托雷的儿子蒙哥汗。蒙哥汗一边进攻南宋、包围钓鱼城，一方面派出了自己的弟弟忽必烈攻下大理，并派遣大将兀良合台到越南招降。越南的陈太宗拒绝了蒙古人的要求。

蒙古人的大军呼啸而至，陈太宗望风而逃。当时陈朝最著名的将领是陈守度，当陈太宗向陈守度询问是否要投降时，陈守度回答，我的头还没有掉，陛下就别担心了。

陈守度说到做到。由于蒙古人孤军深入，离根据地太远，不久之后出现了疲态，陈守度果断联合各地武装共同反抗，击退了蒙古军队。

蒙古军队这一离开，就是二十多年。1284年，陈太宗和他的儿子陈圣宗都已经去世了，在位的是圣宗的儿子陈仁宗。陈守度也不在了。当年不惜性命和姑姑偷情的少年陈国峻已经年近花甲。但是，这一年，蒙古大军再次来到。

越南人惊恐不已，更令人恐慌的是，在与蒙古大军的第一次战役中，作为越南总指挥官的陈兴道就吃了败仗。

在形势最紧张的时候，陈兴道写下了千古名篇《檄将士文》。这篇文章足以和文天祥的《正气歌》相比，但在气势上又远胜于《正气歌》。这篇文章体现了越南文化的复合特性：它是以汉字写就，陈兴道如同当时的越南文人一样，是通过汉字交流的，同时，这篇文章里大量引用了中国古代的案例说明忠臣义士是如何在危急关头显示出自己的气节的。在文中他写道：

　　余尝闻之，纪信以身代死而脱高帝，由于以背受戈而蔽昭王。豫让吞炭而复主仇，申蒯断臂而赴国难。敬德一小生也，身翼太宗而得免世充之围；杲卿一远臣也，口骂禄山而不从逆贼之计。自古忠臣义士，以身死国，何代无之。设使数子区区为儿女子之态，徒死牖下，乌能名垂竹白，与天地相为不朽哉？

　　接着，陈兴道担心他的武将们不懂得中国历史，决定不再讨论古代的事情，而是例举近时发生的事情，他举的第一个例子就是关于宋朝的王坚固守钓鱼城阻挡蒙古大汗蒙哥百万军的故事：

　　汝等世为将种，不晓文义，即闻其说，疑信相半，古先之事姑置勿论，今余以宋鞑之事言之。王公坚何人也，其裨将阮文立又何人也，以钓鱼琐琐斗大之城，当蒙哥堂堂百万之锋，使宋之生灵至今受赐。

　　这篇文章虽然深受汉文化影响，却正式宣告越南文化的诞生。越南人终于有了属于自己的民族英雄。

　　不过，在陈兴道写完文章后，他面临的却是更加危险的情况。蒙古大军继续南进，为了避开蒙古大军的锋芒，越军甚至彻底退出首都升龙城，继续向南撤退。在撤退中，陈仁宗开始担心蒙古大军会将他们一直赶到无路可走，他尝试着探了探陈兴道的口风，陈兴道回答：若陛下欲降，请先斩臣首然后降。

　　接下来，蒙古大军的势头终于开始衰竭。陈兴道率领部下，接连击败了蒙古大军，斩首将领唆都（两位元帅之一），取得了完胜。

　　失败后的蒙古大军在 1287 年由脱欢率领 30 万大军再次赶来。这一次，决定胜负的战场又设在了白藤江。

陈兴道在白藤江心埋下了大量的包着铁尖的木桩，在大海涨潮的时候，连通大海的白藤江水遮住了木桩，使得船只能够安全通过。陈兴道的士兵们纷纷挑衅着蒙古大军，可一到蒙古大军出击，越南人则立即撤往了江的另一侧。潮退时，陈兴道开始布置反攻，将蒙古大军赶向江心……

这一战，蒙古大军数百条船只或沉或俘，士兵死伤无数。陈兴道凭借着他的勇气和智慧，打败了入侵者。

这个貌似风流却又情真意切、不仅文雅还充满了智慧的将军，成为越南文化最杰出的代表。他写的兵法成了越南军事史上的杰作，他的《檄将士文》则成为文学的典范。他熟谙汉文化，精通儒释道，却又是土生土长的越南人，对于王室的忠贞和对于民族大义的遵守集于一身。这一切成就了越南人永恒的纪念。

当我离开昆山时，心中还对没有拜访劫泊殿感到有些遗憾；就仿佛寻找一位山中的隐者，我明知道他就在那儿，最后却放弃了寻找。直到之后在越南游览了更多地方，我才感到这样的遗憾是不必要的。因为，陈兴道不仅存在于昆山，还会出现在许多意想不到的地方。

在宁平附近的三古，当我欣赏着喀斯特地貌的美景，为这个"陆上的下龙湾"感到陶醉时，却突然发现前面出现了一处古庙。这座古庙没有像其他寺庙那样刷上黄墙，而是保留着砖石的颜色，古色古香。寺庙大门外两匹年代久远的石马，显示出这个庙的"身份"。

进入寺庙后，我却惊奇地发现，在大殿里供奉的是陈太宗、陈圣宗、陈仁宗等陈朝的皇帝，而陈兴道的彩色塑像也供奉在了显要的位置。这是一座为了纪念打败蒙古大军而建立的寺庙，已经有数百年的历史。

宁平附近的花闾是丁朝和前黎朝的首都，我没有想到在这里竟然能够碰到纪念陈朝皇帝的寺庙，感到意外又惊喜。

之后，陈兴道如同一个标志一般伴随着我，直到离开越南。在芽庄的海边，也高耸着陈兴道的塑像。越南英雄一手握着剑柄，另一只手指向前方，显得目光炯炯，仿佛为越南指出了一条拥有独立文化的道路。

在胡志明市，旅行者居住的区域叫范五老（Pham Ngu Lao）区，这个区旁边的一条街道也叫范五老街。范五老是陈兴道手下的一员大将，为抵御外敌做出了巨大的贡献。而陈兴道大街则和范五老街在最繁华的滨城（Ben Thanh）市场附近交汇。在距离市场不远处，另一座陈兴道的雕像高高耸立。

击败了蒙古人之后，越南的陈朝又维持了100年，随着国力的衰落和权臣的弄权，一位叫黎季犛（后改称胡季犛）的权臣掌握了朝政大权。季犛留给越南的财产是一种叫"通宝会钞"的纸币。这种纸币可以视为宋代会子和元代纸币的翻版，也同样对社会经济造成了巨大的破坏作用。在季犛的运作下，一张画龙的纸头可以代替一吊钱，画凤的值五百，画云的值一百。通过发行纸币，季犛把民间的铜全都收归了政府；不服从者，或者敢于隐藏铜币者，罪可至斩首。

当陈朝的经济在纸币的刺激下出现了大面积失控的时候，季犛认为还是自己当皇帝更能治理好国家，于是在1400年篡夺了王位，建立了胡朝，不过胡朝只存在7年就消亡了。

现在，让我们把眼光转向当时越南南部的一个国家。在古代，这个国家是东南亚的强国之一，它的建筑遗迹遍布越南南部，其文化直到今天还对越南南部有着重要影响。这个国家现在已经不存在，它的土地变成了现代越南的一部分。

它就是占婆。

第二部

占婆，消失的王国和永恒的公主

第四章

越南的印度文明

　　越南中部的小镇会安，是一个旅客云集、安逸祥和的小城。小镇在越南的大城市岘港南部 20 公里左右。如果岘港是一座较为现代化的大都市，那么会安则是一个可以让人们回到古代的地方。

　　这里也是华人华侨集聚的地方，清代晚期，由于海禁的松弛，从福建、广东、江浙一带来了许多迫于人口压力而外迁的中国人。小镇靠着一条河修建，沿河的一条街道只比河水高一尺左右，一到涨水的季节，这条街道或许都会被水淹没。河水蜿蜒流淌，几公里外就是大海。

　　当我来到会安，恰逢越南中部多雨的季节，从顺化到会安，一路上都是阴雨天气，只有到达南部之后，天气才好转起来。一天下午，我和一位路上结识的小伙子一同去海边，在路上遭遇了暴雨，风刮着硕大的雨点打在我们身上，衣服全部湿透。我们在雨里走了两个小时，才看到了汹涌的海水，这是我第一次看到狂风暴雨中的大海。

　　小镇本身非常像中国的周庄，只是周庄的色调以蓝灰色为主，仿佛是黑白的水墨画，而会安的却像是彩色的水粉画，那儿的墙壁大都是黄色的，配上一些中国式的红砖绿瓦、琳琅满目的旅游商品，以及游客们多姿多彩的服装、夜里悬挂的灯笼，仿佛让我们回到了明清时期的江南水乡。

　　但越南文化和中国文化并不能涵盖岘港和会安的周边地区，实际上，这里在历史上曾以一种叫作占婆的文化而闻名。

　　占婆（Cham），也叫占城，其人民也称为占人。如果不是亲眼所见，我们很难相信，在越南历史上还出现过这样一个不同的文明，这个文明与现在的越南文明差别之大，甚至比中国中原文明和三星堆文明的差别还大得多。

在距离会安一个小时车程的地方，有一片神秘的土地，这片土地深藏在越南、老挝交界的崇山峻岭之中，曾经完全不为人所知。直到法国人到来，才发现这里有一片规模宏大的神庙群。

如今，去往美山（My Son）最简单的方式是从会安参加一个半日游的小团。越南的公共交通并不算特别便利，但旅游产业完全处于竞争状态，游客们只需花几美元就可以享受很不错的行程。比如，在芽庄只需要 4 美元就可以在海上玩一天，并包一顿船上具有本地特色的午饭。从会安出发的美山旅游团也很便宜，比乘坐公共交通还划算。

在路上，一位说话铿锵有力的导游向游客们介绍着越南的占婆文化，以及现在的越南社会。当谈到越南经济的时候，他特别指出：越南的 GDP 年增长率已经超过中国了。在车上的几位中国人听到这里发出了会心的笑声。

到达美山后，我们仿佛彻底进入了一个绿的世界。由于天空还下着淅淅沥沥的小雨，在湿气的浸润下，明亮的绿色成为山上的主色调，显得那么秀气。

我们沿着泥土小路在丛林中穿梭，突然间，一片高大的遗址群出现了。这片遗址群的建筑也带着整座山的特色，它们的身上长满了亮绿色的野草，仿佛经过了伪装的战士。

在越战时期，北越军队把这片遗址群当成了一个营地。这个营地恰好位于胡志明小道的中间位置，许多游击队员从北越过来后，在这里经过短暂的休息，再继续向南方前进，渗透进南越的地盘中。还有人以这里为基地，打击东方的大城市岘港及其周边。

美军的轰炸机则从岘港出发，开始对这个遗址群狂轰滥炸，消灭了不少游击队员，也让这个千年古迹遭遇了严重的破坏。为了最大程度地暴露目标，美军还破坏了这里的植被，大量的化学物质（橙剂）从飞机上撒下，使得曾经森林密布的山头变成了童山。现在的绿色植被都是后来又长起来的，树木虽然众多，却并不高大也不粗壮。

按照考古学家的习惯，古迹分成了许多组，我们先参观了连在一起的 B 组和

C 组。在遗址的前方，巨大的弹坑还保留着，弹坑里长满了野草，时时提醒着人们这里曾经发生的悲剧。

一些神庙成为出土文物的临时展览馆，与这些文物在一起的，还有美军没有爆炸的巨型炸弹，仿佛在控诉着战争的罪恶。

美山的神庙很容易让人想起越南的邻国——柬埔寨。柬埔寨的吴哥窟更加庞大，而且是石头的，美山的神庙规模较小，且是砖结构的，这说明美山遗址的建立时间比吴哥要早。

在柬埔寨的旁边有另一个前吴哥时期的遗址群——三波坡雷古（Sambor Prei Kuk），据说是吴哥之前的王朝陆真腊的首都，那儿的神庙也是砖制，规模与美山类似，或许他们的年代是比较接近的。

美山神庙与柬埔寨神庙的共同点是他们大多供奉着从印度传来的神灵。美山圣地供奉最多的是湿婆神，这里处处可以见到象征湿婆的林伽和磨盘，除此之外，也能看到其他神灵的影子，如象神、毗湿奴神等。

与越南现在更接近中国的文明形态不同，占婆是一个印度化的国家，以印度教为国教，这里距离印度有数千公里，却出土了众多仿佛只有在印度才能看到的文物。

导游忠实地履行着他的职责，给我们讲解着文物的来历，并向我们演示着古人建筑技艺的高超：神庙上所有的砖块都没有用粘合剂，却对接得严丝合缝，看不出任何缝隙。之后，法国人曾经对部分建筑进行了修整，他们大量地使用了水泥，出来的效果却显得寒碜，一看就是劣质品。

我们跨过了一条小河，来到了另一个遗址群——A 组遗址群。在这里，我们的导游突然变得愤怒起来，他指着一片高大的废墟说道："在战前，这里曾经耸立着整个美山遗址群最壮观的神庙，可是现在已经没有了！"

站在这里的人们望见的只是一片砖堆，以及疯长的野草，那曾经的雄伟建筑大概只存在于导游的脑海中。

后来，当我去过岘港的占婆博物馆，才知道他为什么那么愤怒。在博物馆里有一座法国人制作的 A_1（也就是 A 组遗址群的主建筑）神庙的模型。岘港的博物馆建于殖民地时代，那时候的 A_1 还没有被炸毁，考古学家为它制作了精美的模型。这是一座如同火焰一般的神庙，神庙奇特的装饰效果就像升腾的火，生出令人敬畏的效果。在被摧毁前，它是一个完整的建筑，代表着美山圣地。难怪导游会如此愤怒！

看完了美山的人们都会对占婆这个神秘的王国感到好奇，这个已经不存在的国家是如何建立，又如何消失的呢？答案隐藏在越南的政治地理学之中。

越南国土的形状，按照越南人自己的说法，像一个扁担挑着两个粮筐。在北面是以河内为中心的红河三角洲平原，在南面是以胡志明市（西贡）为中心的湄公河三角洲。这两个地方出产了越南大部分的稻米，是最重要的农业中心。在两个三角洲中间，则是一系列山脉组成的狭长地带，这个地带如同一个扁担将两个粮仓连接起来。但是，不要小看了这根扁担，正是由于它的连接作用，两个三角洲之间才有了联系，而扁担本身也成了重要的商业区域。

在历史上，红河三角洲是现代越南文明的发祥地，湄公河三角洲长期以来被束埔寨的高棉人所占据，而那条扁担则诞生了占婆文明。

越南的地形也注定了历史上分裂时间远远长过统一的局面。但最初并非是两个筐之间的竞争，而是筐和扁担的竞争。

考古学家认为，占婆国居住的占族人并非来自大陆，而可能是从印度尼西亚的岛屿上漂泊来到越南的，他们使用的语言也与越南语毫不相同，属于南岛语系，而北方的越族则属于南亚语系。南岛语系是古代世界分布较广的一种语言，涵盖从中国的台湾岛、菲律宾，再到中南半岛南部以及印尼诸岛，并穿过太平洋的广阔海域，分布在那一座座珊瑚礁组成的小岛上。直到现在，人们仍然佩服当年航海者穿越大洋的勇气。

在中华文明影响这个地区之前，从印度过来的商人们已经将印度教带到了这里。在希腊人时代，印度和东南亚就开始了繁忙的海上贸易，其中一条线路以南印度为起点，到达现在属于缅甸的马来半岛附近，再横越泰国的克拉地峡进入束埔寨和占婆；另一条线路则从南印度到达斯里兰卡，再前往印度尼西亚的爪哇岛，从爪哇岛前往占婆和越南。

占婆人到达越南所走的路，就属于后一条道路的一部分。在越南的中部狭长地带，有几个小型的海边平地，每个海边平地从百公里到几十公里见方，这里有着大量的优质港口，又是建立堡垒、守护南北海道的最佳地点。

在这些地点中，最突出的有两个：靠近北方的是顺化，靠近南方的则是岘港。占婆人选择了从顺化到岘港之间的地区定居了下来。在他们的北方是臣服了中国的越族人；在他们的南方，则是另一个强大政权扶南（属于高棉人），扶南占据了现在的柬埔寨，以及现在属于越南的湄公河三角洲地带。

占婆人的领地由于缺乏平地，出产粮食很少，这也注定了这个民族属于海洋和贸易。如果说，越南北部是一个农业文明，那么占婆就是一个海洋文明。他们需要通过贸易获得金钱，来购买粮食和其他必需品，这样的文明也更显得生机勃勃、充满了创造力。

在中国的史籍中，占婆人建立的国家最初被称作林邑。根据《晋书》记载，汉朝曾经在占婆人的区域内建立过象林县，但不久这里就独立了，"后汉末，县功曹姓区，有子曰连，杀令自立为王，子孙相承"。

独立后的林邑定都于因陀罗补罗（Indrapura），在如今美山附近的东阳（Dong Duong）还能找到后期占婆人的都城遗迹。

林邑立国后，越南的北部地区还处于中国的王朝统治之下，距离独立还有好几百年，因此，林邑就成了中国的主要边患之一。

公元248年、270年、340年，林邑在不同国王的领导下，都曾经率军北侵。但边疆战争注定是拉锯战，你来我往、你进我退之后，往往又退回到固有的边界之后，没有太大变化。

古代的政治边界往往和地理边界是统一的，占婆的自然边界是越南中部的崇山峻岭，在陆地和海洋之间往往只有一条狭道可以通过，北方侵入南方要花费巨大的代价，南方也很难长久占据北方的土地。

另外，占婆势力的扩张还与中国的中原政权起落有关，比如，东晋灭亡时曾经引起了占婆人的一阵猛攻，而到了隋朝建立之后，中国军队为了惩罚占婆，曾经占领了它的首都，逼迫它的国王屈服。

由于占婆王国早已不复存在，这个带着印度教神王色彩的国度也因此充满了神秘感。到底它采用什么样的制度，它的经济和社会情况到底怎样？

在现代人对于占婆的研究中，法国人马斯培罗的《占婆王国》具有无可替代的作用。

乔治·马斯培罗生于 1872 年，他的一生很可以代表当年居住在殖民地的法国人。马斯培罗的家族盛产学者，他的父亲加斯东是一位埃及学家，曾经担任过埃及的文物局局长，他的异母弟弟亨利则更为中国人所熟知，亨利的一系列关于中国的著作，特别是《道教和中国宗教》一书，让他成为世界汉学界的权威。相比较而言，乔治选择研究越南，对于中国人而言则显得比较陌生。

乔治本人又是法国殖民地的官员，有着学者和官员的双重身份，这个出生在巴黎的人因为在学校学习了越南语，他的一生就和法属殖民地连接在了一起。

1897 年，马斯培罗前往柬埔寨首都金边，在法国的殖民政府中就职。之后，他成为印度支那官僚政府中的一个零件，按照正常的流程升迁，又利用政府提供的资源进行越南历史和社会研究。他甚至在职业生涯的后期担任过法属交趾支那的代理总督。不过，到现在，他之所以为人所知，主要是因为他的两部描写东南亚历史的著作《高棉帝国》和《占婆王国》。

《占婆王国》至今仍然是最重要的占婆史研究著作，马斯培罗博采众长，几乎将所有史料都采集了个遍，从中国的二十四史到各种汉文的笔记著作，再到越南国史、私史，柬埔寨、爪哇能够找到的史料，以及发现的占婆碑铭材料，都有涉及。在马斯培罗笔下，一个消失的王国渐渐地为我们所知晓。

早期的占婆国从很大程度上保留了原始的部落特征，是一个宗教神王、部落联盟的混合体。在这个国家，有两个活跃的"超级部落"，分别是北方的椰子部落和南方的槟榔部落，占婆的国王就出自这两个部落。

它的政治体制可能是联邦君主制，即两个超级部落又分成五大区，每个大区都有自己的首领（酋长），首领是世袭的，而君主则是武力征服，伴随着两大超级部落和五大区妥协的结果。

这样的结构更像是一种没有发育完全的国家体制，很大程度上还停留在罗马建城的早期，以及中国的商王朝早期，也注定了占婆的内斗并不亚于它的外患。

马斯培罗又把占婆分成了十五个王朝，从公元 192 年它出现于历史记载，到公元 1471 年北方的后黎朝将占婆变成自己的一个藩属为止。

中国史籍对于占婆的记述，在前四个王朝时（截至公元 757 年）称之为林邑，之后又改称环王，从第六王朝（公元 860 年）开始则改称占城，最后才称为占婆。

占婆的文化经济巅峰恰好在被称为环王的那段时间。彼时，占婆的周边国家恰好都处于衰落时期，在柬埔寨境内，强大的扶南王国已经分崩离析，取代了扶南的真腊王国分裂成了水真腊和陆真腊，无法与正好处于统一和强盛期的占婆相抗衡。在它的北方，河内地区仍然处于唐王朝的控制之下，而唐王朝也已经接近衰落期，最初是在歌舞升平中消磨着自己的斗志，后来则出现了安史之乱，自身难保。在东南亚半岛，只有占婆还保持着锐气和活力。

然而，虽然周围的政权都处于衰弱之势，东南亚的贸易却正好处于一个活跃期，从印度和海岛上来的各种商船遍布南海，作为唯一稳定政权的占婆享受着贸易带来的繁荣。也正是在那时，占婆开始在美山修建它的皇家圣地，成就了属于占人的霸权。

第五章

南北争霸的越南

如果要更深入了解占婆的文化，那么岘港的占婆博物馆是必去的选择。越南中部的大城市岘港在会安北面二十几公里处。

这座法国殖民地时期建立的博物馆也与一位法国人紧紧地联系在了一起，这个人叫亨利·帕门铁尔（Henri Parmentier）。当占婆的文物从各地被层出不穷地发现的时候，法国人开始意识到，需要研究和保护这些文物了。

帕门铁尔是研究占婆文物的先驱之一，在他和同僚的努力下，占婆文化的最核心区域显露了出来。历史上占婆最辉煌时，正定都于美山附近的东阳和茶娇（Tra Kieu）。

东阳在美山以南 20 公里左右，茶娇在美山以东 30 公里左右，连同美山一起，这片方圆数百平方公里的地区成为考古工作的主要发掘地。

在这些发掘中，帕门铁尔掌握了大量的文物，除将一部分送到巴黎之外，大部分石雕都成了在越法国人的私人藏品。帕门铁尔意识到，到了考虑如何保存这些文明记忆的时候了。他和朋友们奔走呼吁，试图唤醒法国政府建立一座博物馆，以他们捐献的文物为基础，向公众开放。

帕门铁尔呼吁了 17 年才得到回应。1915 年，法国政府拨款 11 000 盾，开始建立占婆博物馆。11 000 盾的钞票现在只值半美元，但在当时却是一大笔财富，足以兴建一座美丽的花园式建筑。

即便到现在，博物馆最精华的藏品仍然来自当年法国人的捐献。最重要的莫过于从美山、东阳和茶娇三个遗址中发掘出的石雕。

一提起印度教的石雕工艺，人们头脑中反映出的首先是：装饰风格很强，显得较为笨拙和古朴，写实性不如西方古典雕塑。

但在这里，这样的认识被打上了问号。是的，即便是博物馆中的造像，大部分仍然表现出了这样的特征：现实中不存在的神兽，身上充满了花纹，后蹄双双离地，仿佛在狂欢一般；那滑稽的鸟嘴怪兽扎着弓步如同要打降龙十八掌，正准备推出双掌……

但是有几件藏品上又反映出强烈的写实化倾向。我在一座湿婆像的跟前驻足良久，如果有人说，这座石像来自希腊化世界的某个部分，也不会有人怀疑。也许希腊人的影响通过亚历山大的征服传到了中亚，再传入了印度，并最终由印度人带到了这个亚洲的边缘地带。

由于战争，东阳的神庙早已不复存在，但博物馆里保留下了神庙精华的部分，高高在上的国王、神态各异的神祇，给人留下了巨大的想象空间，思索着当年神庙的雄伟壮观。

这里还展出了一尊美山遗址中发现的象神甘尼释，圆滑的刀工勾勒出憨态可掬的象神形象，让人过目难忘。

在这里，才会感觉到当年占婆王国的呼吸，从不拘小节的刀法看到占城人的爽朗和豪气。他们属于商人阶层，比起农业民族来更加放任和自由，可是，从大量的神像中又看出了他们的虔敬，这个属于大海的民族当把生命托付给海洋的时候，就体会到了自然神的喜怒无常和随心所欲。

但不管怎样努力，这个国家最终消失在了迷雾之后，除了这个小小的博物馆，已经很难找到另一个地方，体会占婆的社会全貌了。

占婆的衰落是随着北方的崛起而到来的。

公元 938 年，吴权在白藤江战胜了南汉政权，并在次年建立了大瞿越国，开始了越南独立自主的时代。

此前占婆的战事主要是和它西面的高棉族国家扶南，以及扶南的继承者真腊。然而，当越南独立之后，占婆才发现自己的身边多出了一个强大的敌人，而且这个敌人比起高棉人更加凶险。

越南和占婆之间斗争之所以更加激烈，是地理原因决定的。高棉人的真腊国虽然占据了湄公河三角洲，但它的政治核心在如今的柬埔寨境内，与占婆的政治核心岘港之间隔着重重山脉，两者的距离是相对遥远的。

但是越南独立之后，这个新独立的国家却与占婆直接接壤，非常容易到达。在越南首都河内与占婆重镇顺化之间，能够称得上障碍的只有顺化以北一道浅浅的海云关。越南国土的扁担部分虽然狭窄，但在绝大部分地方，在海边都会有一条平坦的走廊横亘在海水和山地之间。只有在海云关附近，位于越南和老挝交界地带的山脉突然伸出一条支脉，向海洋延伸，并消失在海潮之中。这条山脉和海水之间形成一个山崖，北方的人如果南下，即便紧贴着海边行走，也必须翻越这座山才能继续南下。

在南北争霸的早期，占婆的势力在海云关以北，没有任何天堑能够阻止两国的互相攻击。到了后期，占婆撤退，海云关慢慢变成了越南和占婆的天然界线。但是，这道关并不高，翻越难度也不大，这使得两国之间缺乏更进一步的纵深来防御对方。国土上的紧密接触变成了连绵不断的战争。

根据马斯培罗的记载，双方的战事绵延数百年，直到其中一个被另一个逐渐蚕食、吞并为止。

最初出击的是占婆人。占婆由于更早形成独立的国家，当看到北方统一后，决定率先削弱北方的军事实力。

公元 979 年，正值北方丁朝时期，当时丁朝的首都还在更靠近南方的花闾。占婆第六王朝的国王波罗密首罗跋摩决定支持丁朝的敌对方，大举入侵北方的首都花闾，但远征的部队在海上遭遇了风暴，损失惨重。第二年，丁朝的军队终于按捺不住，开始向南方进军，他们击败了占婆，杀死了国王，占人的残余政权逃往更靠南方的区域。

直到十年后，一位新的占婆王才击退了越南人，建立了第七王朝。为了防止北方的进攻，占婆人不得不将首都南迁到了一个叫佛逝的地方。

占婆的这次失败，似乎为以后的战事发展奠定了基调。作为农业君主国，越南人显得更加有纪律，也有更多的人可以调遣；而占婆作为贸易国家，人口本来就不如越南多，商人们冒险精神十足，却缺乏必要的纪律性，在进行大规模作战的时候就显得颇为吃力了。

到了公元 11 世纪，占婆的历史可以说是用血和泪写成的。公元 1044 年，越南人再次给占婆带来了灾难性的打击，攻破了占婆的新首都佛逝，另一个占婆国王被杀害，悲剧性的第七王朝结束了。

一位新的贵族建立了第八王朝，为了复国，他不得不尽量采取柔和的态度，默认越南对北方的控制，但在南方，却采取了严厉的镇压手段。通过在中国、越南和柬埔寨之间周旋和腾挪空间，悲剧性的占婆国得以苟延残喘。但即便这样，这个软弱的王国仍然麻烦重重，1061 年，占婆王律陀罗跋摩三世继位，他无法忍受在强权之间的腾挪和苟且，决定向越南人发起进攻。然而，进攻的结果却是占婆的又一次惨败，越南的大军再次进入占婆的首都，将其付之一炬，被俘的国王受尽了侮辱，被迫将北方的三省正式割让给越南。1074 年，当他死去的时候，第八王朝也随之灭亡，他给后继者留下的，是一个不完整的、孱弱的占婆，那个曾经伟大的国家已经不存在了。

也正是从这时开始，占婆的势力再也越不过海云关，越南以海云关为界构建了自己的国家。由于海云关的防守作用，双方进入了一个互有攻守的时期。

第十王朝、第十一王朝时期的主旋律变成了"三国演义"，占婆人和西方邻居、柬埔寨的高棉人之间的杀伐逐渐成为主基调，越南人与占婆人之间虽然战争不断，却逐渐退居幕后。柬埔寨和占婆的历史我们会在接下来提到，战争中的占婆曾经有攻陷敌国首都的兴奋，也有着被敌人灭国的屈辱。当一百多年的纷争过去之后，占婆人却发现除了国力更弱之外，他们什么都没有得到。

到了第十二王朝时期，占婆和越南迎来了共同的敌人——蒙古人。

与北面的越南人相比，南方占婆人遭受蒙古人袭击的可能性本应该更小。然而，事情却这样古怪地发生了：公元 1281 年，元朝皇帝忽必烈借口占婆人不纳贡，派唆都元帅进军占婆。由于元朝和占婆并不接壤，唆都元帅在没有飞行器的时代就剩下了两种选择：第一，经过越南前往占婆；第二，从海路前往占婆。

如果经过越南，那么又有两种选择：第一，向越南借道，经过允许后通过；第二，不理睬越南的反对直接通过，甚至借机征服越南。

唆都元帅经过考虑，认为从越南借道的可能性不大，因为越南人一定知道，如果北方的元帝国征服了南方的占婆，那么越南就成了夹心饼，灭亡只是早晚的事儿，而强行通过，代价也很高昂。

他选择了从海路前往占婆。但是，元军到达后却无所作为。占婆人虽然属于海洋民族，但在敌人的进攻面前又摇身变成了山地民族。当元军到达时，占婆的军队大多撤入了山区，并不断对元军进行骚扰，这种外科手术式的游击战术让元军很不适应。

经过一段时间的游击战与反游击战，忽必烈意识到，为了彻底打击占婆，必须借道越南，他从陆路派遣援军，浩浩荡荡地向越南开去。

在元军的逼迫下，曾经两个敌对的民族终于决定联合起来。也许是感受到了唇亡齿寒，越南的陈朝拒绝了元朝的提议。于是战争从占婆转向了越南本身，元军决定征服它。

但战争的结果是：越南的陈兴道打败了不可一世的元帝国大军，也结束了忽必烈征服中南半岛的梦想。越南人也终于找到了自己的民族象征，不仅从政治上，也从文化上找到了自己的独立性。

虽然战争已经结束，但为了平息元朝的怒气，占婆人决定恢复对元朝的朝贡，用有限的让步获取了独立。1292 年，元军舰队从占婆掠过，为了进攻位于印度尼西亚的爪哇，占婆的舰队一直尾随着元军，担心他们会在占婆登陆。但元军没有登陆的意图，而是直接前往爪哇吃败仗去了。远征爪哇的失败使得元军连东南亚的海岛也不敢靠近了，征服东南亚的尝试就此结束。

那段时间，是越南和占婆的黄金时代，也是两国难得的和平时期。

然而，当北方的越南获得了独立精神、在文明的轨道上大步前进的时候，南方的占婆却又回到了萎靡的惯性之中。它的文明已经过于成熟了，很难通过一两次刺激获得新生。

在整个越南中部和南部，还分布着许多零星的占婆遗迹。在著名的旅游胜地芽庄，就有一座美丽的芽庄塔，它在一座小山上高耸了近千年。

越南所有的城市中，芽庄无疑是让人最舒服的一个。来到那里的人们都忘不了越南最美丽的海滩和岛屿，炎炎夏日里，花几美元到船上去消磨一天是最好的休闲方式。

早上，我们登上了一艘叫"天天（Tien Tien）"的游船，游船的导游是一位瘦高的男人，他拿着话筒突然告诉我们："请叫我奥巴马。"我们才注意到他和奥巴马长得非常像。

自从奥巴马当上了美国总统后，东南亚有许多人立即兴奋了起来，他们发现自己长得都非常像总统先生。我们的导游皮肤晒得黝黑，不完全像普通的越南人面容，反而更像是从占婆博物馆的雕刻中走下来的。

游船先是带我们去了一个海岛，在那儿可以练习浮潜。海水清澈碧蓝，如同宝石一般闪闪发光，五颜六色的热带鱼在海水中游荡。这里是越南最漂亮的沙滩。在远方，两个海岛的中间，还可以隐隐约约看到芽庄的高楼大厦如同海市蜃楼一般摇曳着。

浮潜过后，我们登船用餐。船上旅客的座位是可以折叠的，把座位翻开就可以连成一张巨大的桌子。桌子上放着各式的菜品和水果，春卷、炒面、海蜇、大虾，应有尽有。吃过饭，就到了游客们最喜欢的"开心表演"了。

所谓"开心表演"，就是我们的导游带领大家唱歌跳舞。在开场乐之后，导游换上了他的表演装，只见他扭扭捏捏捂着胸脯出现在大家面前，当把手拿开的时候，人们立即哄堂大笑起来。原来，我们的"奥巴马"穿着裙子扭着屁股出现在人们面前。他的一举一动，甚至说话时撇嘴的姿势都模仿着美国总统。他的形象也给表演定下了基调，他唱了几首滑稽歌曲，又带领着大家上台边唱边跳。他似乎会好几个国家的语言，邀请着不同国籍的人一起跟随他表演。

其他船员则用吉他、架子鼓等乐器伴奏。想在船上找个工作，必须是个全才，除了行船、做饭之外，还必须具有娱乐精神，最好会乐器。

"开心表演"之后则是"水中吧台"，需要人们从船的顶部跳到海里去，一个船员则坐在水中的浮动吧台上为每一位勇敢者倒酒喝。到了最后，几乎所有会游泳的人都跳了下去，就连胆小的女士都不例外。

下午，游船把我们载往另一处沙滩，到了傍晚再送回芽庄，一辆汽车则负责把每个人都送到旅馆。这一切所需花费只不过是 4 美元，不到 30 元人民币。

芽庄之美，并非现代人的发现，从占婆王国开始，芽庄就被利用起来，成为占婆人的一个海港和据点。如果从现代芽庄城沿着海边向北走，大概两公里，人们会经过一条浑浊的小河，河水中分布着当地特有的高脚屋，巨石和小船点缀着河面，两座现代的大桥横跨河的两岸，在河的北侧有一座小山，山头上耸立着几座占婆时期的塔。

根据记载，芽庄塔的建造年代从 8 世纪持续到 13 世纪，之后历代政府都进行过修缮，至今仍然保存得比较完整。在寺庙旁的附属建筑里，还有当年阮朝时期绍治皇帝用汉文写的诏书，当时的占婆已经灭亡，继承了占婆统治权的越南阮朝帝王们仍然尊重占婆时期的古迹，把它与当地人的信仰和生活联系在了一起，予以保存和修缮。

在芽庄的更南部，是另一个占婆的文化中心归农，晚期的占婆曾经将都城迁于此，到最后继续南移，到达美奈附近。

美奈，作为越南旅游的另一个热门景区，在一处小小的山头上同样有一座占婆的庙宇。只是到了那时，占婆已经彻底衰落了。

第六章

公主的爱情与江山更替

占婆晚期的历史和一位越南公主的历史联系在一起。

在越南中部的古都顺化，我苦苦寻找着这位公主的痕迹。根据资料，为了纪念那位追求生命和爱情的女人，这里建了一座关于玄珍公主的庙宇。我在淅淅沥沥的小雨中骑着自行车，躲避着路上的水洼，向四周的越南人亮出手心，上面写着玄珍公主的越南名字：Huyen Tran Cong Chua。

"玄珍公主在那边。"在南校（类似于北京的天坛）的附近，一位老者指着右边对我说。然而另一位老妇人不同意他的意见，她指着左边，告诉我应该这样走。他们商量了半天，似乎达成了一致意见，示意我向左边走。

我听从了他们建议，却因此错过了玄珍公主庙。到后来，我才明白了两人为什么争执。在右边很远的地方，有一座玄珍公主庙，而在左边较近的地方，有一条满是泥水的小街叫玄珍公主街。老者断定我要去找庙宇，老妇人却以为我要去找那条街。

当我在街道上来来回回骑行了几圈，才看到写着公主名字的路牌。这条路在前方蜿蜒上山，在山的两侧是绵延的坟地。由于附近也是越南最后一个王朝阮朝皇帝的埋骨地，这块风水宝地上密密麻麻地聚集着古老的和现代的坟墓。从玄珍公主路上望去，就有一座森森帝陵。

如今的顺化已经成为人们怀古之地，也是越南保存最好的宫殿所在地。但人们很少知道，这座古老的城市之所以是现在的面貌，和这位被称作玄珍公主的女子有着莫大的关联。

越南的陈朝是一个"盛产"爱情的朝代，它在越南的地位类似于中国的汉唐。

除出了不守规矩、敢爱敢恨的陈兴道之外，玄珍这位远嫁的公主也为人们纪念。熟悉中国典故的古代越南人甚至将她称为"越南的昭君"。

不过，与昭君远嫁塞外归期无期相比，玄珍公主命运却要好得多，她仿佛是一个混合体，前半生像昭君出塞，后半生则像文姬归汉。

玄珍公主是陈朝第三位皇帝陈仁宗的女儿、第四位皇帝陈英宗的妹妹。当越南击退了蒙古人的军队，使得越南和占城都进入了和平时期时，这两国关系再次紧密起来。

有一年，两国进行了互访，占城国王制旻派人到陈朝进贡，并邀请了太上皇陈仁宗去占城游玩。在历史上，仁宗经历了两次元朝的入侵，并出兵讨伐老挝，但他又是一个颇为大度的好皇帝，他在南方邻国游玩了九个月，当听说占城王制旻想与越南结亲，便毫不犹豫地答应了下来。当时玄珍公主只有 13 岁，而占城王却已经有了王后，他的王后来自爪哇。

四年后，占城王派人带来了聘礼，陈英宗才开始认真考虑起这门婚姻来。这是一门如同松赞干布与文成公主式的婚姻。面对着更加弱小的占城，越南皇帝有什么必要将自己心爱的妹妹送去给别人做小老婆呢？

有人提出这门亲事是老皇帝答应的，虽然太上皇还活着，可新皇帝有权力不同意这样的安排。

作为孝子的陈英宗经过慎重思考，同意了这门婚事。

公主的出嫁为越南带来了两个新的州——乌州和里州，英宗皇帝将其改名为顺化。这是顺化这个名字第一次出现在越南的历史之中。

当 1306 年公主出嫁时，谁也没有想到这是一桩多么危险的婚姻。

第二年，占城王制旻死了。由于占城继承了印度的宗教，在印度婆罗门教中有一个习俗叫作"萨梯"，即丈夫死去后，寡妇必须殉葬，于是在印度诸侯的城堡中，城门的墙壁上有许多红色的手印，那就是城堡主人死后，他的后妃们在殉葬之前留在墙上的。每一个手印都代表着一个活生生被烧死的人，她们曾经美丽、动人，甚至才华满腹，却因为丈夫的死亡失去了活着的权利。

刚刚出嫁、还不满 20 岁的玄珍公主命悬一线，按照占城风俗，她无法逃脱死亡。

绝望的公主立即向北方的哥哥发出了求救信号。接到消息的陈英宗立即决定派人把妹妹接回去。接受这个任务的是朝廷的官员陈克终，然而，陈克终的使命并不容易：占城人已掌握了公主的命运，如果硬来，只会让占城人更早地将公主杀死；可如果来软的，有可能人家不理你。

陈克终想出了个主意，他知道硬碰硬是不行的，只能顺从占城的要求，表示公主要遵从对方的习俗，但是，为了让公主的魂魄在死后能够回家，必须到海边举行招魂仪式之后再行殉葬。

占城人同意了陈克终的请求，他们让陈克终带着公主来到了海边，就在这时，几艘准备好的小船突然从海边冲出，陈克终带着公主登船出海。等占城人反应过来的时候，小船已经消失在茫茫海面上。

如果故事发展到这里，那么这还只是一出忠诚的将军救出皇家子嗣的宫廷大戏，然而，越南人的浪漫随时隐藏在历史之中：大难不死的公主爱上了舍命救人的陈克终，在回归越南的路上，他们相爱了。

这对相爱的人如同消失了一般，不仅南国的人不知道去向，连北国的人也不知道。这趟行程只需十几天，他们却走了一年。等他们在北国首都出现的时候，已经是两国从外交争端走向战争之时。

占城人认为自己上当了，不仅没有得到公主，还丧失了两座处于关键地理位置的城市，随着这两座城市的丧失，占城的腹地已经暴露在了越南的军事打击之下。他们认为，既然公主已经离开，越南就应该把城市归还。而越南认为，公主回来是因为丈夫已经死了，既然有过婚姻，那么城市是不必退的。

在短短几年之内，双方开展了数次战争。战争使得曾经的占婆变成了一个微不足道的小国家，新王被俘了，越南人为他们立了一个傀儡国王，并接管了几乎一切。

与政权的更替相比，我更在意那位不幸而又幸福的公主的命运，虽然她的后半生已经消失在历史的迷雾中，而我却相信，她在那位敢于为她拼命的男人那里能够找到毕生的幸福。

后来，就连越南的文人在记录这个事件的时候也产生了分歧，许多注重程朱之道的人开始从理学的角度来贬低玄珍公主的命运，在他们看来，玄珍公主只不过是一出悲剧，丈夫早死，无法守节，还带上了骗取城池的嫌疑。但民间喜欢这个敢爱敢恨敢选择的公主，于是她从庙堂走进民间，她的故事成为游吟诗人和走唱的戏班最喜欢的题材之一。

如今的顺化早已经不是两个王朝之间的边城，它曾经是王朝故都，如今是旅游圣地，只是这里仍然给玄珍公主留下了一席之地。一座玄珍公主庙成为情人们喜欢的旅游景点，他们似乎相信，这位七八百年前的女人能够保佑他们一生幸福。

玄珍公主帮助越南取得了对占婆的优势地位，然而，占城的命运并没有就此终结。世界的政治势力总是处于不停的变动之中，当越南的陈氏政权由于明朝的攻势变得摇摇欲坠时，占婆最后一位伟大的国王诞生了——越南人称他为制蓬峨，中国的典籍称他为阿答阿者，而占婆人称他为比那索尔王。

甚至现在已经没有人知道他是怎么上台的，只知道，他上台之后开始大力发展军备，按照印度惯用的模式训练象阵。越南此时恰好处于陈裕宗和陈睿宗时期，陈朝早年的锐气已经变成了朝代中后期的靡靡之音，随着积累的问题越来越多，以及周围的国家完成了改朝换代，此刻，遭受入侵的已经是当年的强者。

制蓬峨对越南发起了三次入侵，并屡次攻陷越南的首都升龙府。在第二次入侵中，他甚至击毙了陈睿宗，使得北朝彻底陷入了混乱之中。

然而，1390 年，制蓬峨在叛徒的出卖下，被越南军队所杀。

任何一个靠武力称雄的君主都会给他的国家带来不可承受之重。制蓬峨死后，占城的军事实力迅速衰落，北方开始向南方进攻，占城人背井离乡向南逃窜，这一刻，它的灭亡似乎已经不可避免。

但历史在这时又出现了一个转折：北方的陈朝因被人篡位而灭亡了，取而代之的胡朝并没有成功地控制住局面。十年后，明朝的军队攻入了升龙府，越南作为一个国家便不存在了。

南方的占城再次获得了喘息的良机。

　　但占城人并不只想休养生息，一旦解除了北方的危险，本已经非常虚弱的它不仅没有选择和平，而是向半岛上的另一个"超级大国"开战。这个超级大国就是建立了举世闻名奇迹的吴哥政权。占婆和吴哥，这两个信奉印度教却又战争不断的老冤家再次打成一团……

第三部

吴哥，远去的婆罗门

第三部

第七章

追寻穆奥的脚步去发现吴哥

1860 年，当探险家亨利·穆奥（Henri Mouhot）拨开丛林，看到"东方所罗门神庙"的那一刻，西方对于东南亚的认识就被改写了。

他发现的神庙在一个叫作洞里萨（Tonle Sap）的大湖之北，深藏在柬埔寨的热带丛林之中。这座大湖如同湄公河旁一个巨大的"肿瘤"，在雨季里还会因为水位暴涨面积更加膨胀。当地人在湖面上搭建了木制的高脚屋，在旱季，可以沿着干涸的湖床前往高脚屋，而到了雨季则必须坐船。这些当地人的房子显得破破烂烂，十分简陋。

然而在洞里萨湖之北的丛林之中，穆奥却见证了奇迹。这些神庙体型巨大，在世界上首屈一指。它们长满了苔藓，有的已经变成一堆石头的废墟，有的浑身缠满藤蔓和树根，仿佛已有上千年的历史。没有人说得清楚这些神庙的来历，当地人传说这是一些巨人民族建立的。根据这个传说，穆奥认为可能是来自欧洲的人建立了这些比罗马、希腊建筑更加雄伟的遗迹。

他想不到，他站在了一个伟大的文明废墟上，这个文明竟不属于欧洲，也不属于中国和印度。也正因为这个偶然的发现，穆奥被人们称作"吴哥窟的发现者"。

当造物主把不同的性格赋予人类的时候，同时确定的还有：每个人的生命都是不同的，也没有绝对的公平存在。有的人会安详地死在家乡的床上，有的人则天生要走四方、冒险、发现并死于非命。

在东南亚所有的西方探险者中，穆奥是我最尊重的一位。仿佛在冥冥中已经注定，这位法国青年要不远万里来到这片热带丛林里，发现一个逝去了几百年的王国，并记录下来，传播到西方世界。然而当人们意识到这是一个多么伟大的发现时，穆奥却已经长眠在老挝的地下，成为异域的孤魂野鬼。

人类探险的底线是什么？至今国内仍在争论。一旦传出有旅行者遇到危险的新闻，就会有人呼吁立法禁止探险，但实际上，有的人就是要去体验生死，他们如同在验证达尔文的理论——如果能从与自然的挑战中幸存，就能获得极大的乐趣，如果做不到，就被自然消灭吧。

生于1826年的穆奥只活了35岁，但他的一生已足以让后人铭记。在短暂的35年中，前面的33年仿佛一直在为最后2年做铺垫。这个年轻人曾经当过语言教师，又曾经跟着哥哥学绘画，最后，他突然想当自然学家。

穆奥的经历和许多欧洲人年轻人一样，当时欧洲最令人敬佩的职业是博物学家，他们并不把自己局限在某个学科内，而是想成为通才，并踏遍世界的未知土地。最成功的博物学家是德国的亚历山大·冯·洪堡，这位出生于1769年的博物学家在生物学、地质学等多个方面都有极深的造诣，并踏遍了南北美洲的大部分领土。达尔文也是一位博物学家，他跟随小猎犬号的旅行就是一种远游、考察和发现的过程。

年轻的穆奥也在一直为这条路做着准备。他甚至娶了一位苏格兰的探险家芒戈·帕克的孙女。在非洲探险史上，帕克是个绕不过去的人物，当人们试图向西非内陆探险时，帕克是一座光荣而又悲惨的里程碑。他放弃了一切，只为探险，但他最终的结局，却是消失在西非的丛林或河流里，不知所终。直到二十年后，才有人打听到了他最后的消息：他的归宿在尼日尔河，他尝试着从这条未知的河流漂向大海，却在途中遭到了土著的袭击，他的探险队全军覆没了。帕克死的时候也是35岁，与他的后辈兼孙女婿穆奥一样，不屑于死在家里的床上。

1858年，年轻的穆奥终于找到了机会。他最初向法国拿破仑三世政府和法国东印度公司申请去东南亚考察，遭到了拒绝。反而是英国的皇家地理学会决定资助他，把他送往亚洲。

穆奥经新加坡来到了泰国（当时称为暹罗）的首都曼谷，并以此为基地开始了探险活动。他考察了暹罗古老的首都阿瑜陀耶（也叫大城），之后前往柬埔寨境内的吴哥，在那儿，他听到当地人谈论那些消失的神庙，并跟随着他们进入丛林，发现了古老的城市遗址。

他在考察日记中写道：

在吴哥，这里的废墟是如此壮观，以至于人们看第一眼时就充满了崇拜之情，他们不得不疑惑，到底建造这些巨大建筑的种族是谁？这个种族看上去如此强大、如此文明、充满了天启。

这些神庙中的其中一座足以和所罗门神庙相比，它是由古代的"米开朗琪罗"建造的，足以跻身于我们最漂亮的建筑之中。它比希腊、罗马给我们留下的任何一个建筑都要雄伟，却与现在（当地）这个国家的野蛮状态形成了鲜明的对比。

穆奥把日记寄给了他的妻子，日记里满是诗意的文字和插图，这些都在他死后的 1863 年出版。之后，人们根据他的记载开始了对吴哥的考察活动，并将其称为吴哥的发现者。

但他并不是吴哥的第一个发现者。实际上，在他之前，已经有数位西方人踏上了这片土地，看到了巨大的神庙，他们有的没有留下足够的文字记载，有的影响力不够，反而是后来的穆奥重新踹开了发现之门。

命运是残酷的，它只给了这个年轻人以荣耀，却剥夺了他的生命，甚至没有给他多少时间。

当穆奥北上进入现在老挝境内的琅勃拉邦地区时（当时的琅勃拉邦是一个从属于暹罗的小王国），穆奥突然病倒了，他发着高烧，并且越来越严重。十几天后，这个年轻人似乎已经知道自己死期将近，在日记上留下了最后的话，向上帝祈祷着："怜悯我吧，上帝……"

但上帝并没有多给他时间，他死了。

死后的穆奥被埋葬在琅勃拉邦的河边。六年后，当法国将老挝变成殖民地的时候，人们想起了这个孤独的探险者，为他立下了墓碑。然而，这座墓在随后的日子里遭到了破坏，并被人遗忘了。1990 年，人们才再次注意到这座隐藏在老挝乡间的墓葬，恢复了它的荣耀。

旅程接近终点时，我追随着穆奥的脚步到达了琅勃拉邦。与它的邻国中国、泰国、越南不同，老挝的时间仿佛是停滞的。这片国土面积比越南小不了多少但人口只有几百万的国家，仿佛是专门留给未来的一块飞地，告诉人们曾经的生活是什么样的。

这里丛林密布，山峦起伏，到处是喀斯特地貌形成的溶洞和山峰。这里由于人口稀少，生存压力不大，每一个人都显得懒洋洋的。

当穆奥到达这里的时候，他已经染上了严重的疟疾。西方早期的探险者对于东南亚的疟疾总是体会深刻，这种由蚊子传播的疾病是由一种叫作疟原虫的寄生虫引起的。蚊子叮咬后，疟原虫进入了人体，并首先入侵肝脏，通过肝脏进入人体血液系统，并感染红细胞。由于疟原虫具有明显的生理节奏，总是选择在同一时间离开受感染的红细胞，去寻找新的健康血球，于是人体也呈现出明显的周期症状，一会儿冷得浑身发抖，一会儿又开始发高烧（中国人俗称"打摆子"），在冷热两极间最终耗尽自己的精力而死亡。

在东南亚，老挝北部由于气候凉爽、人口不多，相对于缅甸、泰国和柬埔寨的丛林，这里的疟疾并非最厉害的，但不幸的是，穆奥在气候最凉爽的琅勃拉邦却一病不起了。

琅勃拉邦仍然保持着穆奥当年的某些特征，这里虽然没有了国王，但那古老的皇宫、众多的寺庙，以及可以俯瞰湄公河的小山都还保留着。穆奥墓在湄公河的一条支流附近，一个小村子的旁边。这座白色的墓葬显得如此不起眼，仿佛这位苦命的人仍然在孤独地探索着，他的命运已经和这片土地融为一体了。

穆奥之后，吴哥又迎来了另一位访客，一位曾经在宫廷担任教师的女士，她就是安娜·里奥诺文斯（Anna Leonowens）。安娜是一位特殊的探险家，最初，她跟随丈夫（一位军官）到亚洲服役，然而丈夫在 1858 年去世了，那一年也是穆奥动身开始探险之年。安娜在亚洲又待了四年，之后应邀去了暹罗国王的宫廷，成了王子们的家庭教师。

当时暹罗国王是蒙固王（拉玛四世），一位为了保持独立而费尽心机的国王。泰国的西面是占领了缅甸的大英帝国，东面是占领了印度支那的法兰西帝国，蒙固王一生都坚持着暹罗的独立，却又不得不在两大列强的压力下割让领土、让出特权。在这样的压迫下，他知道必须走开放的道路，不仅要在科学和技术上向西方看齐，也要在政府和治理上做出转变。安娜就是在这样的背景下进入了王室，而她的学生包括了泰国历史上最著名的改革国王朱拉隆功，而泰国的现代历史和朱拉隆功的努力是分不开的。

进入 21 世纪，安娜的名字再次被人们提起，是因为一部电影，这部由周润发和朱迪·福斯特出演的《安娜与国王》，所表现的正是安娜在宫廷的经历。在电影中，这个来自西方的女人独立、富有主见，并最终获得了东方国王的认可，甚至开始了一段感情经历。

现实中的安娜充满了文学细胞，也有着冒险的冲动，在泰国期间，她进行了一次长途旅行，前往刚刚"发现"的吴哥。在路上，安娜写道：

早晨，彩虹般的雾气在平原上低徊，微风中沁透着香气和歌声，雾气尚未散去。高高的树梢随着微风轻轻摆动。我们骑着大象前进，色彩缤纷的野花像地上铺的毯子。大象迈着四方步子，沉沉的样子，却没有发出嘈杂的声音。

她们向东越过了扁担山脉，进入了柬埔寨，在洞里萨河谷地带徐徐行进，并最终到达了吴哥。当她们看到了雄伟的吴哥窟时，安娜回忆道：

我们一边走，一边惊叹，真是为之倾倒。寺内区的院落、回廊以及庙宇好像迷宫一般，我们走在里面，拐弯抹角，新奇的东西到处都有。以前，这些东西我们闻所未闻，连做梦都没有见过。

然而，不管是穆奥的发现还是安娜的来访，都没有解决这样的问题：这些建筑到底是谁建造的？

穆奥认为可能是某个从欧洲或者中国来的"米开朗琪罗",而安娜也不认为是当地的民族建造的,原因和穆奥认为的一样:他们看到的当地人住在简陋的木头房子里,房子的建筑水平与神庙相差甚远,这样一个民族怎么可能建造吴哥窟?

当地人臆造了一个传说,一位仙女偷了一个庄稼汉的花,被大神因陀罗惩罚下凡与庄稼汉结婚,生下了一个儿子。这个孩子天生是能工巧匠,在他成长的过程中,甚至被母亲送到天上去学习建筑技术。正是他接受了建造吴哥窟的任务,并建造了这座无与伦比的宫殿。

西方人当然不相信这样的传说,他们开始从自己的历史中寻找蛛丝马迹。他们从古希腊和古罗马的历史中寻找到两个征服者——古希腊的亚历山大和古罗马的图拉真皇帝,希望证明他们曾经东征到达过柬埔寨,并建立了雄伟的宫殿。但这样的证明是徒劳无益的,亚历山大只到达了如今的巴基斯坦境内,而图拉真甚至没有进入波斯。

随着越来越多的考古遗迹、铭文被发现,西方人最终认识到,这些伟大的建筑的确是本地产生的,建造它们的人,就是现代柬埔寨人的祖先高棉人。那些不起眼的民族,也曾经有过最辉煌的历史。

甚至吴哥旁边的暹粒(Siem Reap)这个名字也透露出一丝蛛丝马迹,因为暹粒的意思就是"战胜暹罗"。这说明,柬埔寨的国王们当年建立这座城市的时候,曾经战胜过一次西方的暹罗,也就是现在的泰国。这间接地暗示了吴哥王国曾经的辉煌和强大。

经过考察,一个强大的帝国出现在人们面前。这个帝国不仅统治着现在的柬埔寨,它的疆域还包含整个湄公河下游地区,越南两个粮筐之一的湄公河三角洲,包括南部中心西贡(胡志明市),都属于这个帝国。老挝南部也曾经臣服于这个帝国,人们在一个叫作占巴塞(Champasak)的地方发现了一座神庙建筑。泰国东部也被包含在帝国之内,那里至今存在的一系列神庙,被追溯到吴哥时期。

为了查看这个帝国的疆域,我曾经去泰国和老挝拜访过那些与吴哥有关的古迹。

占巴塞的神庙建在距离湄公河不远的山上。这里的山有着不一般的外形,一座山如同一座巨大的金字塔庇护着神庙。

半山腰的神庙下方，有三个巨大的池塘，其中一个已经干涸了，但另两个还在使用。池塘的背后是一条笔直的道路，通向神庙的方向。道路的两旁竖立着两行石柱，石柱上雕刻着象征着神的花纹。

所有的吴哥神庙都有一种叫作那伽的怪兽，它是一种有着多个脑袋的眼镜蛇，一般在神道的两头，或者桥梁的两头，都会有那伽的护卫。这样的桥叫那伽桥。

过了这条路，首先看见的是两个配殿，配殿的屋顶早已经坍塌，但是墙壁经千年仍然耸立。配殿后的道路则由一系列台阶组成，当人们随着台阶逐渐升高的时候，附近的美景也渐渐收入眼帘。从山腰上，我看到湄公河两岸的平原上星星点点的绿树、成块的稻田，以及远方的河道。在穆奥的时代，这里曾经覆盖着大片的森林，但随着人口的增多，逐渐开辟成了稻田。

继续向上，就到了主建筑瓦普的神庙了。神庙的主体还在，屋顶已经坍塌，显得破破烂烂。庙宇本身在数百年里也从印度教被当地人改成了佛教，当地人在神庙内部竖立了一座菩萨像，而印度的毗湿奴神像则成了山下的一座门神。悬崖上也刻上了佛足的符号，在一处山洞里，洞壁上正向下滴着水，被虔诚的人们当成了圣水。

这里曾经是吴哥王朝北方的中心，拥有肥沃的土地。在山下，那条笔直地通向帝国首都吴哥的大路仍然可以找到痕迹。

同样通往首都的大路痕迹也可以在泰国的遗迹中找到。在泰国东北部的高原上，有一个名称复杂的城市叫那空叻差是玛（Nakhon Ratchasima），它还有一个简化的名字叫呵叻（Khorat），起源于泰国东北的呵叻高原。这座城市是泰国东北部最重要的中转站，不管是公路还是铁路，都在这里分成三岔，要么向北通往老挝的首都万象，要么向西通往泰国首都曼谷，要么向东经过老挝的占巴塞进入柬埔寨。

从呵叻开始向东，一路上都有吴哥时期的古迹，整个泰国的东北部在古代都纳入了吴哥帝国的统治之下。

当我听说呵叻附近就有两处保存最好的吴哥建筑时，决定前往参观。这两处一处叫朗山（Phanom Rung），另一处叫披迈（Phimai）。

从北方的乌东塔尼（Udon Thani）坐车赶到呵叻的时候，已经是晚上 11 点钟了。由于没有预定，我找了半天旅馆，发现不是价格高昂，就是已经没有了空房。到了深夜 1 点钟，我决定不在呵叻住下，于是回到了汽车站。我惊奇地发现，到这时竟然还有前往南隆（Nang Rong）的汽车。泰国的交通十分发达，在东南亚的国家中首屈一指，给人留下深刻的印象。

如果要去朗山，必须先经过南隆，于是我在深夜上车，在凌晨 3 点多到达了南隆，并在汽车站的长条椅子上睡到了天亮。

清晨，我四处寻找着从南隆开往朗山的宋苕车，所谓宋苕车，是泰国和老挝流行的一种公交车。它实际上是小型的皮卡（也有大型的卡车，但很少见），后厢里不是装货，而是放了三条长条凳，改装成了客车。在泰国，长途车多半是质量不错的大客车，而短途则主要靠宋苕车来运客。

为了到达朗山，我必须在旧市场附近坐宋苕车到达朗山附近的停车点。停车点距离朗山还有八公里，在这里，另一趟宋苕车会把去朗山的客人带到目的地。在泰国，寻找市场总是一件愉快的事情，那意味着可以好好地填一填肚子，因为市场上什么食品都能买到。等一个多小时后，我上了宋苕车，手上还拿着味道可口的烤鸡翅大嚼着。

然而，到了朗山附近的停车点，我却找不到去往朗山的车了。据说由于客流少，已经停开了，只有一位摩托车司机愿意带我去，但价格不便宜。于是我决定扛着大包步行八公里。

但是，在泰国，旅行者很难有机会在公路上进行长时间的徒步。泰国由于土地私有，生活在乡间的人们大多比较富裕，他们习惯于买一辆车开，并乐于免费搭载路上遇到的需要帮助的人。

走了不远，一辆小型的皮卡车突然停在我的背后，一个男人从驾驶室里问：你从哪儿来？当听说我从中国来，他一挥手让我上了后厢。他把我一直送到了山顶的景点门口才放下来。"我是警察。"他自豪地告诉我。

朗山所处的位置已经接近泰柬边境，从朗山向下望去，已经可以看到柬埔寨的群山和平原。这座神庙的规格要比老挝的占巴塞更大，也保存得更完好。与它的邻居们比起来，泰国的景点都显得整洁有序。

在史前时期，朗山曾经是一座火山，这里留下了大量充满空洞的黑色火山岩石，硕大的神庙就在山顶的最高处。装饰着那伽的长长道路在山顶交汇，交汇点上耸立着一座印度风格的高大塔楼。虔诚的人们在神庙外举手礼拜着。在神庙中间，有一头石头做的神牛。一座穿越了历史的武士像在门口仿佛守卫着帝国的秘密。

当我离开神庙准备下山的时候，另一辆车又停在了我的门口。车里坐着一对年轻的情侣，他们几乎不会英语，更不会中国话。但他们友好地示意我搭车。

上了车，漂亮的女士递给我两个面包和一瓶水。我们用手势和几个简单的发音交流着。出乎我的意料，他们决定把我一直送到几十公里外的南隆去。我表达了对友好的泰国人民的感激，却无以为报。这一趟，也许印象最深的，不是那雄伟的神庙，而是那儿的人。

到了南隆，我坐车回到了呵叻，马不停蹄又上了另一辆车，这次我的目的地是披迈。披迈有着泰国保存最完整、规模最大的吴哥时期遗迹。实际上，披迈的四周星星点点分布着大量的吴哥建筑，表明这里不仅仅是一个居民点，很可能是一个巨大地区的中心。

如今，在披迈城市的中心是一座高耸的塔楼，中心塔的两侧还有两个小塔，组成了建筑群的核心部位，这些被围绕在第一层的宫墙内。宫墙之外是一个巨大的庭院，庭院的四角有四个水池，水池的岸边有一只如同小狗般强壮的蜥蜴，看到人后立即钻进了草丛。庭院里分布着其他的宗教设施和宫殿，接着是外宫墙。

外宫墙之外，就是披迈的城市区了。自从吴哥时期以来，这里的居民已经完成了换代，在吴哥时期是高棉人，而现在已经换成了泰人。泰人仍然以这座了不起的建筑为傲。

庞大的居民区之外，是城市的城墙，这已经是从巨塔算起的第三重墙了。墙里分布着大大小小的水池、公园以及人工的小山，山上耸立着建筑遗迹，墙外则是宽阔的护城河遗址。城墙的南门如同一个凸起的三角，三角的底边是著名的胜利门，从神庙通往胜利门的大道继续向南延伸，直达几百公里外的吴哥遗址群。

　　这个涵盖了柬埔寨、越南、泰国和老挝的帝国用宏伟的建筑展现了它的强大，那么，这个王国是怎么诞生的，又如何变得如此衰落不堪?

　　西方人花了很久才确信，现在的柬埔寨人就是当初庞大帝国的后代。而这个帝国早期的痕迹，除了考古学的证据之外，还保留在中国的史籍之中。

第八章

吴哥之前的高棉国度——扶南和真腊

柬埔寨首都金边的中央市场像是用复杂的积木拼凑起来的，它带着庞大的穹顶，却显得低矮和庞大，加上黄颜色的色调，如同是一个巨大的荷包蛋摊在了地上。

金边虽然有着数百年的历史，以及王宫、独立纪念碑、沃翁山等名胜古迹，但对老百姓来说，中央市场才是金边真正的中心。市场外车水马龙，市场内人头攒动，这里还是柬埔寨钱商聚集的地方，周围又分布着数家长途汽车公司，到达金边的游客们都喜欢到这里购物、换钱和中转。

我从中央市场西南角的一个停车场登上了一辆去往茶胶（Takeo）的长途车。茶胶位于金边以南两个多小时车程的地方，距离海边不到 100 公里，距离越南边境只有几十公里。

谈到城市，中国人往往想到拥挤、人头攒动的景象，作为柬埔寨首都的金边，也确实有点像中国城市，作为外省省会的茶胶却显示出柬埔寨的另一面。

在这个小小的城市里，只有一片市场区有拥挤的人流，出了市场，就很少见到人了。甚至很难说清楚哪里是城市中心：在竖立着纪念碑的广场上长满了野草，却没有人光顾；在市政厅的门口停了几辆车，同样看不到人；这里的寺庙也像柬埔寨其他地方一样宏伟，僧人却不多见；在码头上，只有很少的几个人在等船，一两个小时后，才凑够了七八个人开船。这里的人们大多生活在乡间，对于城市的需求并不强烈，城市看上去只是一个衙门，没有事不用去到那里。

但是，不要因为茶胶现在的空荡就小看了它的历史，实际上，这里曾经是柬埔寨最繁荣的地方之一。

　　我之所以到达茶胶，是为了去一个叫吴哥保铃（Angkor Borei）的地方，这个小镇，加上它附近的达山（Phnom Da）寺庙，曾经是吴哥王朝之前柬埔寨的首都之一。

　　到达吴哥保铃，必须从茶胶码头坐船，沿着一条运河（15 号运河）前行。这条运河有着奇怪的特征：在旱季的时候它是一条河，人们能够清晰地看到它的河道，但到了雨季，雨水淹没了堤岸，运河就变成了一片很大的湖泊，如果不熟悉河道，很可能把船开到一些奇怪的地方抛了锚。在运河的堤岸上，当地人搭建了不少简陋的高脚茅屋，旱季时房子是在陆地上，到了雨季，则仿佛是建在水上。

　　千百年来，柬埔寨人的交通就是利用无处不在的运河，15 号运河只是柬埔寨乡间生活的一个缩影。

　　带有马达和旋翼的船在运河里疾驶，坐在侧翼的人们脸上都溅上了一层水雾，在运河两侧，一座座村庄、小镇和寺庙迅速地朝后退去。运河的水并不深，长满了漂浮的水生植物，当地人下水在这些植物上寻找着螺蛳。偶尔在岸边会看到很多船，那似乎是一个浮动的市场，正是这些本地市场的存在，使得当地人不用依赖城市而生活。

　　吴哥保铃距离茶胶有二十几公里，坐船用了半个小时。这座建在河边的小镇横跨运河两岸，拥有着崭新的寺庙群和发达的贸易船，由于靠近越南，那里的商品就通过当地人的船只源源不断地运来。

　　不过，即便比其他地方发达，它看起来还是太小了，如果不是事先知道，很难相信，一个叫水真腊的强大国家曾在这里建都。水真腊统治的区域从这里出发，涵盖了整个湄公河三角洲，并一直延伸到海边。水真腊的人们在船上摸爬滚打，练就了一身本领，但奇怪的是，它仍然是一个陆上政权，而没有发展出如同雅典、英国那样的海上文明。

　　在距离首都两公里的地方，有一座小山头叫达山，那儿有一座古老的寺庙，最初建造的年代也是在真腊时期，但后来在吴哥时期又被重建过。如今，它的文物早已经被运到了别处，只剩下一个空壳在山顶孤独地眺望着不远处的首都。

　　我到达达山时，整个山上除了我，只有一位看寺庙的老人，他坐在寺庙的门槛上，仿佛坐了一辈子。达山寺庙已经非常破旧，顶部都没有了。从山顶向下望去，是一片绿油油的稻田，以及河网纵横的土地，一艘小船在只有两三米宽的河道上行驶。这里曾经都属于一个国家，现在却分裂了：从达山望去，不到十公里之外的土地已经属于一个叫越南的国家。

水真腊信奉的是印度教，但现在人们已经改信了佛教，于是，在达山的山脚下又出现了一座佛教寺庙，山顶上的印度教遗迹和山脚下崭新的佛教寺庙诉说了柬埔寨上千年的历史。

第二天清晨，从吴哥保铃回到茶胶，一群清晨出门化缘的僧人吸引了我的目光。由于佛教国家僧人地位较高，他们化缘时仿佛是去赠予，而非祈求施舍。每一个化缘的僧人都穿着橘黄色的僧袍，打着一把黄伞，怀里抱一个化缘钵；如果两个人同行，则一个人持钵，另一个人提化缘袋。他们走到商户的门口时，并不登门，而是静静地伫立在门前等待着。商户里的人会出来，谦恭地把钱放进化缘袋，或者把食品放进钵里，再虔诚地低下头，双手合十，请求着僧人的祝福。僧人们嘴中念念有词，背诵着经文，为施舍的人们祈祷着。

这里的人没有把施舍当成负担，而是看作日常生活的一部分。僧人们也保持着简朴的习惯，依靠供养生存。东南亚寺庙的淳朴让人印象深刻，这也是为什么许多人到东南亚拜佛的原因。

茶胶这样的小城也是吃昆虫的好地方，在热闹的市场里，几个摊位上装着成麻袋的昆虫，有蟋蟀、水虱、蝼蛄、蟑螂、蚂蚱等品种。水虱的价格偏高，其余的价格合理。另外一些摊位则用更便宜的价格卖一种小贝壳，与人们认为的不同，即便贝壳已经做熟，却仍然是闭合的，人们用牙齿把贝壳咬开，里面的贝肉带着汤汁显得鲜嫩无比。这种小贝壳才是整个柬埔寨更为常见的食品，在任何人口聚集的地方都能买到。我买了一袋贝壳和一袋蝼蛄，边等车边和几个孩子分享着美味，那的确是可口的美味。

离开了水真腊的故都，下一个要去的地方是陆真腊的首都。在水真腊的北面，随着越来越远离大海，运河系统也逐渐减少，北方的人们生活在平原上和丛林中，陆真腊曾经的首都三坡波雷古（Sambor Prei Kuk）就隐藏在大片的榕树里。

三坡波雷古的位置恰好处于现在的首都金边和古代吴哥的首都暹粒之间，如果从金边坐车去往暹粒，在恰好一半的位置有一个叫磅同（Kompong Thom）的城市，距离这座城市 30 公里远的地方，隐藏着这片前吴哥时期的神庙群。

实际上，这片神庙建立的时候，吴哥王朝已经取代了所谓的陆真腊，它们在这个前朝的首都建立了神庙，后来，又移往更北方，建立了吴哥窟方圆几百里的遗迹。

为了去往这片比吴哥更古老的神庙，我清晨坐车从金边出发，希望在上午 11 点左右赶到磅同，再从磅同租一辆自行车骑往三波坡雷古。

由于汽车晚点，到达磅同时已经接近下午 1 点。办完住宿之后，一位当地人听说我下午还要骑车来回 60 公里，吐了吐舌头。他告诉我，自己有一辆不错的山地自行车，是一位外国游客卖给他的，他可以租给我。

那是一辆不错的自行车，有八九成新，如果是完全的新车，大约值 2000 元人民币。在磅同租车是用不着押金的，甚至连查验护照都免了，一切基于信任关系。可是，由于手续太简单，我回来的时候出了问题：我把他家的位置忘记了，为了找到那个地方，我花了很长时间。

一路上，通往三波坡雷古的道路都有明显的标志，但最后 15 公里的路却并不好走。这里虽然位居柬埔寨最著名景点之列，却只有一条土路通往神庙，加之我去的时候正在修路，自行车在路上颠簸着，若非这辆山地车质量不错，我很可能早就散架了。

两个小时后，我已经站在了三波坡雷古的外围。吴哥古迹群大都是石头建筑，但由于这里的寺庙时代更早，所有的建筑都是砖结构。这让我想起了在越南美山看到的建筑，也意识到，真腊时期和占婆的文化更加相似，只是到了后来的吴哥时代，柬埔寨人（高棉人）才找到了属于自己的民族特征，开始兴建巨石建筑。

神庙群分成了三部分，分别叫作三波寺（Prasat Sambor）、狮子寺（Prasat Tao）和夜奔寺（Prasat Yeai Poeun）。在狮子寺，一对雄伟的狮子雕像雄踞在唯一残存的高大寺塔门前，相比于后来在吴哥所见到的无数狮子，这对狮子显得雕工简单，但它们是吴哥所有石狮子的祖先，并且在质朴的刀法下已经显露出仰天长啸的气魄。

相比于其他两组寺庙，夜奔寺的寺庙群保留得更加完整，也更加多样化。这里的塔体上还保存着精美的雕刻，这些用砖做的雕刻已经存在了上千年。这里的寺塔不仅有普通的四角佛塔，还有一种特殊的八角形塔，在别处我都没有见过。

随着岁月的流逝，有的塔顶已经长满了野草，有的已经崩塌了，有的塔虽然已经开裂，从内部已经看得见裂缝处闪现的天光。还有的塔已经被巨大的树木彻底毁灭了。在夜奔寺的入口处，有一座被榕树毁掉的寺庙，在巨大的树根下，只有塔门的砖头由于嵌在树根内，还保持着站立，其余塔身都已经无存，于是，那棵树的树根如同一扇巨大的大门敞开着，迎接着来来去去的人们。

三波坡雷古的建筑大多位于道路南侧，但是，在道路北侧却有一座更加令人瞠目的塔。一座榕树的根已经将塔身完全包裹了起来，网状的树根如同一顶奇特的帽子罩在塔上，告诉人们岁月的痕迹。

关于柬埔寨早期的历史，人们很难从高棉文化典籍中找到记载，反而是中国的典籍保留了最多的记述。这使得我们除了考古现场之外，能够通过古人的认识来了解这个国家。

当越南中部被占婆人所占领，在越南南部、柬埔寨、泰国东部却生活着另一个人种——高棉人，也就是现代柬埔寨人的祖先。

占婆人是海上民族，来自海岛，使用的语言属于南岛语系。而高棉人则是陆上民族，他们很早就占据了这片土地，使用的语言属于南亚语系的孟和高棉语族。

高棉人的近亲民族是孟族人，分享着类似的语言。孟族人居住在泰国中部、西部和缅甸地区。但孟族人在一些更加新的民族入侵下衰落了，他们的领土如今被泰人占据变成了泰国，被缅人占据变成了缅甸。现代孟族人分布在缅甸东部的海岸附近，变成了缅甸一个不起眼的小邦。

关于柬埔寨（高棉人）最早的记载出现在中国的《后汉书》中，公元137年，一个叫究不事地方的人献来了未加工的犀牛角和白雉。究不事是柬埔寨（Cambodia）的音译，从读音上来看，这个词的变化并不大。

这个地方在以后的史书中被称为扶南。扶南（Phnom）在高棉人的语言中就是山的意思，当地人认为自己是属于山的民族。

《晋书》中从武帝司马炎开始，频繁地记载了扶南到中国来进贡。在《北史》中，我们看到人们喜欢使用扶南的犀角杖，可见当时两地之间已经有了较为频繁的贸易往来。

关于扶南国的来历，中国二十五史中的《梁书》《南齐书》《南史》中都有几乎相同的记载，它们讲述了一个融合了婚姻、爱情、征服和开化的故事。

《梁书》提到，从前在扶南国有一个叫柳叶的女王，她的国土上人民裸体披发，不以为耻，过着原始人的生活。这时，一个身负科学和开化使命的英雄出现了，这个英雄叫混填。

> 扶南国，在日南郡之南海西大湾中，去日南可七千里，在林邑西南三千余里。城去海五百里。有大江广十里，西北流，东入于海。其国轮广三千余里，土地洿下而平博，气候风俗大较与林邑同，出金、银、铜、锡、沉木香、象牙、孔翠、五色鹦鹉。

> 扶南国俗本裸体，文身被发，不制衣裳。以女人为王，号曰柳叶。年少壮健，有似男子。其南有徼国，有事鬼神者字混填，梦神赐之弓，乘贾人舶入海。混填晨起即诣庙，于神树下得弓，便依梦乘船入海，遂入扶南外邑。柳叶人众见舶至，欲取之，混填即张弓射其舶，穿度一面，矢及侍者，柳叶大惧，举众降混填。混填乃教柳叶穿布贯头，形不复露，遂治其国，纳柳叶为妻，生子分王七邑。其后王混盘况以诈力间诸邑，令相疑阻，因举兵攻并之，乃遣子孙中分治诸邑，号曰小王。

外来的混填利用武力和恫吓征服了扶南，却并没有大开杀戒，而是利用婚姻娶了柳叶女王，并教导人民走向文明。这个传说在现代也得到了部分承认，它反映了扶南国接受印度文化的历史。

根据考古学证据，扶南是一个受多方影响的地区。首先，它的语言可能属于孟和高棉语族，但又带着南岛语系的影响。其次，它和周边的国家已经有复杂的贸易联系。

大约在公元 1 世纪前后，另一种文化入侵了这个地区，这种文化来自遥远的海的彼岸——扶南选择了印度教作为国教。

关于印度教如何舶来的证据，可能就隐藏在上面那则传说当中：柳叶女王属于更加土著、也更加原始的民族，而混填这个"大山的皇帝"来自南印度那广袤的文明之地，在那儿婆罗门教（印度教）已经盛行，而佛教也作为一种替代品被人接受。在未来，这两种宗教对于东南亚的塑造起着非同一般的影响。

当文明的混填来到了扶南，选择了本土化，并娶了当地的女王为妻，印度教也随之在他的朝廷成为主流。随着时间的推移，下层民众也开始接受了这种外来的宗教，使得柬埔寨地区成为可以和印度比肩的印度教教区。

另一种观点认为，将印度教带到东南亚的，是无所不在的贸易。由于中国人还在视野之外，而印度人通过海洋早已影响了东南亚，未开化的东南亚居民接受印度教看上去是顺理成章的事。

如今，扶南国的遗迹已经很少，甚至扶南国的首都也无迹可寻。在人们的口头传说中，一个叫巴山（Ba Phnom）的地方被认为是曾经扶南的首都，然而那儿的地表上除了一座新建的寺庙之外，可以追溯到远古时期的遗迹早已荡然无存。

扶南国的形制很可能是一种帝国模式，它有着强大的影响力，但它的周围仍然有无数的小国，这些小国臣服于它，却又保持了很强的独立性。

在中央集权模式没有确立之前，帝国模式让一个国王能够尽可能大地控制远方的土地，代表了当时的先进制度。然而，这种制度却又有着巨大的弊端：任何一个国家的君主都想去控制别人，而不是被控制，他们都争先恐后地通过竞争获得皇帝的地位。在这种模式下，任何一个单独的国家都避免不了由盛转衰的命运。

到最后，一个叫真腊的国家崛起了。真腊和扶南并非完全不同的种族，他们的关系就像是夏和商、商和周的关系，虽然属于不同的部落，曾经臣服，又曾经对立，但随着时间的流逝融合到了一起，现在已经没有人谈自己是扶南人的后裔，还是真腊人的后裔。

到了公元 6 世纪，真腊已经成为一个足以和扶南相抗衡的国家。

这时候，一个联姻事件触发了两国关系的变动：一位叫巴伐跋南（Bhavavarman）

的扶南王子娶了一位真腊公主为妻，当真腊的国王去世后，巴伐跋南和妻子继位成为真腊国王。

巴伐跋南的野心也越来越大，作为扶南的王子，他知道扶南的衰弱，更知道真腊的日益强盛。当扶南国王去世后，巴伐跋南决定开始行动了。他不承认扶南太子的继承权，宣布自己才有权继承王位，并率领大军开始进攻。两国的军队很快分出了胜负，扶南太子匆匆离开了自己的国土，流亡到更加靠南的克拉地峡一带建立了流亡政权，史称夏连特拉王国。而巴伐跋南则兼任了两国的国王。

但这次合并却并没有形成永久性的统一，不知何故，扶南后来仍然部分独立于真腊的强权，直到一百多年后，真腊大军再次横扫了扶南，将它从历史中彻底抹去了。从此以后，真腊就成了高棉人的代称。这个称呼一直持续到吴哥时代，也就是中国的元明时期。

在真腊高棉的历史中，这个国家又曾经有过分裂，成为水真腊和陆真腊两个王国，水真腊在南方靠近海洋和低地，陆真腊在北方。我所游览的吴哥保铃和三波坡雷古都曾经扮演过两国首都的角色。但到了晚期，真腊再次合并，初步形成了横跨越南、柬埔寨、泰国、老挝的国家，为吴哥的强盛打下了基础。

也就是在扶南和真腊时期，这些处于柬埔寨的政权与位于越南南部的占婆开始争斗，占婆是一个海上强国，但在陆地上一直受制于扶南的陆军。当占婆逐渐强盛，而扶南和真腊出现衰落或者分裂的时候，占婆北部的越南却又独立并强盛起来，使得占婆人在对待高棉时总是被掣肘。

扶南和真腊时期，柬埔寨与中国的联系也比人们认为的更密切。而其中最值得关注的，是它在中国佛教传播中起到的作用。

佛教在东汉末年传入中国，之后却一直面临着一个瓶颈：虽然士大夫们开始对这个新鲜的宗教感兴趣，但对于佛教的教义却很少有人说得清楚。

与基督教、伊斯兰教很早就形成了统一的经典不同，佛教的经典虽然经过三次大的结集，但三次结集却并没有像《圣经》或者《古兰经》一样，形成一部为全体教徒膜拜的经典。三次结集的成果汇成了《阿含经》（南传佛教中则属于南传《大藏经》的一部分），这部经文记录了佛陀说过的话和做过的事。但是，随着佛教的分裂，只有上座部将《阿含经》封为圭臬，其余的部派则开始了个人发挥，佛学大师们创作了各种各样的佛经，发展出了各种各样的世界观，甚至连方法论上都有区别。这些大师的著作各自被本门认为是至典，反而是记录了佛陀言论的《阿含经》由于道理过于质朴、形式过于简单而被忽视。之后，随着大乘和金刚乘（密宗）的兴起，佛经也变得更加复杂。可以说，佛教的经典是在随时变动和增减的。

如此众多的佛经对于刚刚了解到佛教的中国人而言太难理解，更难接近原典，只能通过道听途说来了解佛教。寻找新佛经、了解各种教义的实质就成了当务之急。于是译经师们作为文化的使者出现了。在那个阶段，任何一个携带着某种佛经并且能够理解它、讲解它的人都能成为文化的使者，一时间，从印度和各个佛教国家来的僧人成了中原人士追逐的对象。

从印度将佛经传往中原的道路主要有两条：一条是西域道，即后来鸠摩罗什从印度经过西域来华的道路，也是玄奘去西天取经的道路；另一条则是经过东南亚去往印度的海路。在这条海路上，除了马六甲海峡，从印度来的人还会选择乘船进入扶南境内，再走陆路穿过克拉地峡，再继续乘船去往中国。

作为中转站和文化中心之一的扶南就承担了向中原供应僧人的重任。

中国的南北朝时期，第一批扶南僧人负笈北上，成为传道的先行者。他们大都掌握了一两本佛经，利用这一两本佛经的知识在中国开坛讲课，并拥有了一定的从众。由于佛教浩瀚、庞杂，有的甚至相互矛盾，中国很快成为佛教教义的试验田，宗派林立、说法不一，却又显得生机勃勃。

早期最著名的僧人叫僧伽婆罗，他在南朝的萧梁时代进入中国。萧梁和陈朝恰好是中国礼佛最虔诚甚至不惜亡国的时代，僧伽婆罗迅速被认定为一代宗师，留在中国翻译了数十卷经书，包括《解脱道论》《大育王经》等经典篇目。

僧伽婆罗之后就轮到了著名的僧人真谛。真谛的祖籍在印度，后来到扶南讲法，四处求取经文和圣僧的梁武帝派人找到了真谛，鼓动他前往中原。真谛听从了梁武帝，从扶南北上中原。他带着大量的经文，成为当时轰动一时的大师。真谛在中原不仅学习了汉语，还翻译了数百卷经文，这使得他与后来的鸠摩罗什、玄奘齐名。

更难得的是，虽然现在的东南亚大都信奉上座部（小乘、南传）佛教，然而在扶南时期首先传入的反而是大乘佛教的经典，真谛翻译的最著名的经书是《俱舍论》《大乘唯识论》《摄大乘论》等一系列奠定了大乘佛教基础的经文，这些经文使得中国成为大乘佛教研究的中心，并经过自我进化，产生了禅宗。

到了唐代，另一个僧人玄奘也是受这种风气的影响，痛感大乘经文的不足，前往印度取经。从这个角度说，那位从扶南来的僧人影响到了后来的玄奘法师。

当真谛的大乘佛经在汉地逐渐取代了小乘、越来越受人关注的时候，在东南亚反而受到斯里兰卡和缅甸的影响转向了小乘，并最终取代了最为流行的印度教，成为现代的主流宗教。

第九章

跟随"元朝人"游高棉

在去吴哥窟之前，我一直在读一本中国人写的吴哥旅行指南。这本旅行指南虽然简短了些，却比现在市面上最流行的 *Lonely Planet* 或者 *Rough Guide* 还要有趣，不仅介绍了吴哥的地理和景点，还花了大量的篇幅介绍当地人的生活和习俗，甚至连外国人都将此书翻译过来使用。

这本书的另一个优点是：作者是一位生活在 13 世纪的中国人，但他写的内容即便到了现在仍然不过时，书中千年前的风土人情，有的已经变化，有的至今还在。这位穿越了时间的作者叫周达观，他生活在蒙古人建立的元朝。

周达观，字草庭，浙江温州人。如同古代吴哥的社会风俗主要由他的记载才为现代所知一样，现代人记住周达观，也主要是因为他的著作《真腊风土记》，实际上，除了这本书中的介绍之外，我们几乎不知道他的任何情况。

元朝的蒙古人虽然没有占领东南亚，然而对于这个地区的冲击却影响深远，不管是越南、占婆，还是吴哥、蒲甘，莫不由于元朝的入侵和威胁形成了一股民族力量，并借助抵抗元朝凝聚成了一个整体。甚至可以说，东南亚民族的文艺复兴是从这时候开始的。

由于元军无法通过武力征服高棉，他们采取了另外的手法：用武力来胁迫，用谈判做手段。元朝的目的是通过谈判获得宗主权，只要对方愿意进贡，那么就假装他们已经属于自己了。到了明朝，这样的进贡规矩更是发展到了高峰，皇帝千方百计鼓励外国人前来进贡，只要对方肯来，皇帝会拿出价值更高的物品返还（赏赐）给对方。于是，所谓的进贡团实际上成了贸易团队，一方获得了名分，而另一方获得了实惠。

在周达观之前，元朝皇帝向吴哥派遣了一个千户和一个万户，但是两人一去不返。

1296 年，周达观接受了朝廷的命令扬帆出海，前往吴哥的土地，历时一年半，对吴哥进行了详细的观察。他把自己的经历写成了《真腊风土记》，其中详细地记载了吴哥的建筑、风俗和政治，写就了一部独一无二的"旅行指南"。在周达观到达的时候，虽然他仍然把柬埔寨称为真腊，但根据现在历史学家的划分，此时的柬埔寨已经进入了吴哥时期。

至于真腊如何变成吴哥，最详细的叙述来自阿拉伯人。由于中国、东南亚、印度、阿拉伯之间存在着密切的贸易联系，阿拉伯的商人们很早就到达了东南亚。一位叫艾布赛德·哈桑的人写了一则故事，这则故事来自一位去过东南亚的商人的道听途说。据说，在公元 8 世纪末，正是位于现在印度尼西亚爪哇岛的室利佛逝王国最兴盛的时候，真腊国王摩希婆提跋摩一时心血来潮，表示希望看到室利佛逝国王摩诃罗阇的脑袋，再把它盛到盘子里。消息传到了室利佛逝国王的耳朵里，他立即发起了进攻，抓住了倒霉的真腊国王，砍掉了他的脑袋，做好防腐处理，盛在了盘子里。真腊灭亡了。

一位叫阇耶跋摩的人被室利佛逝国王带到了爪哇，过上了客居的生活。他回到柬埔寨之后，立即扯起了反对室利佛逝的大旗，并取得了成功。反叛者也因此成为国王阇耶跋摩二世，他成为吴哥王朝的开国君主。

阇耶跋摩二世宣告独立时，将首都定在了三波坡雷古，但随后，他决定把都城迁往大湖洞里萨的附近。于是，吴哥及其周围成为吴哥王朝的中心。在阇耶跋摩二世时代，还没有现在的吴哥城和吴哥窟，都城在距离现在吴哥窟东北 40 公里的荔枝山上，后来又迁到了暹粒以东 13 公里的罗洛（Roluos），形成了如今的罗洛建筑群。

直到两百多年后的苏利耶跋摩二世时代，才开始兴建宏伟的建筑吴哥窟（小吴哥），那个时代也是吴哥王朝的巅峰。然而，苏利耶跋摩二世末年，这位好大喜功的国王却对占婆发起了一次灾难性的远征，之后，占婆掠夺了吴哥。

但占婆的占领是短暂的，阇耶跋摩七世赶走了占婆，成为柬埔寨历史上又一个伟大的国王。这位国王建造了著名的吴哥城，也就是大吴哥，并修建了一系列寺庙。只是，谁也没有想到，阇耶跋摩七世的辉煌似乎只是回光返照，实际上，这位伟大的国王为柬埔寨的衰落还贡献了一把力，他挥霍无度的建筑作品彻底毁掉了帝国的财力，使得资源错配到了无用的工程之中，吴哥的经济和社会彻底衰落了。

周达观到来的时候，吴哥最辉煌的时期已经过去了，但那些辉煌的作品都已经完工，周达观看到的吴哥和我们现在看到的吴哥很相似了。

那个时代，除了这位元朝的使臣，还有一批中国人在吴哥做生意，当地人把这些人称为"唐人"。通过一年多的观察，加之在唐人群体中四处打听，周达观的书将一个真实的吴哥呈现在我们眼前。

对于一个游客来说，感受最深的，也许是吴哥王权的威严。周达观向我们描述了国王出行时的情况：

凡出时，诸军马拥其前，旗帜鼓乐踵其后。宫女三五百，花布花髻，手执巨烛，自成一队，虽白日亦点烛。又有宫女皆执内中金银器皿及文饰之具，制度迥别，不知其何所用。又有宫女手执标枪、标牌为内兵，又成一队。又有羊车、鹿车、马车，皆以金为饰。其诸臣僚国戚，皆骑象在前，远望红凉伞不计其数。又其次则国主之妻及妻妾，或轿或车，或马或象，其销金凉伞何止百余？其后则是国主，立于象上，手持宝剑，象之牙亦以金套之。打销金白凉伞凡二十余柄，其伞柄皆金为之。其四围拥簇之象甚多，又有军马护之。

若游近处，止用金轿子，皆以宫女抬之。大凡出入，必迎小金塔金佛在其前，观者皆当跪地顶礼，名为三罢。不然，则为貌事者所擒，不虚释也。

对于吴哥的等级制度，周达观也有着细致入微的观察。比如，在建筑一节，他不吝惜笔墨地叙述了国王宫殿的奢华，然而，国王宫殿之外的房屋却简陋无比，甚至大臣的房屋也不允许全部使用瓦片，而寻常百姓人家更是片瓦没有。

……如国戚大臣等屋，制度广袤，与常人家迥别；周围皆用草盖，独家庙及正寝二处许用瓦。亦各随其官之等级，以为屋室广狭之制。其下如百姓之家，止用草盖，瓦片不敢上屋。其广狭虽随家之贫富，然终不敢傲府第制度也。

在服饰上，也有着严格的要求：

自国主以下，男女皆椎髻袒裼，止以布围腰。出入则加以大布一条，缠于小布之上。布甚有等级，国王所打之布，有直金三四两者，极其华丽精美。其国中虽自织布，暹罗及占城皆有来者，往往以来自西洋者为上，以其精巧而细美故也。

惟国主可打纯花布。头戴金冠子，如金刚头上所戴者；或有时不戴冠，但以线穿香花，如茉莉之类，周匝于髻间。顶上戴大珍珠三斤许。手足及诸指上皆带金镯，指环上皆嵌猫儿眼睛石。其下跣足，足下及手掌皆以红药染赤色。出则手持金剑。

百姓间惟妇女可染手足掌，男子不敢也。大臣国戚可打碎花布，惟官人可打两头画布；百姓间惟妇人可打之。若新唐人（指中国居住在柬埔寨的人）虽打两头画布，人亦不敢罪之，以其"暗丁八杀"故也。暗丁八杀者，不识体例也。

从周达观的描述来看，这是一个等级森严的集权制国家。这样的国家有一个特点，即不是所有物品都能够通过自由交换得到的。比如，在古代中国，黄色的物品被认为是皇室的象征，民间禁止使用，而吴哥的禁忌远多于中国。

另外，东南亚的鲜花消耗量始终很大，这也可以从上面的文字中找到痕迹。当读到妇女用鲜花串装饰自己的时候，我仿佛看到了越南西贡购买花串别在头上的老妇人，以及泰国曼谷那巨大的鲜花集市。

从三波坡雷古骑行回到磅同的第二天，我搭了一辆当地的汽车到了暹粒。暹粒是游客们拜访吴哥的大本营，这里住宿便宜，生活设施便利，在整个柬埔寨首屈一指。

参观吴哥的方式有两种，第一种是租自行车自己游览；第二种，当地人在摩托车后面挂一个斗，像是辆小型的三轮车（实际上是四轮，车斗两个，摩托车两个），最多可以坐四个游客。

刚刚在磅同骑行了 60 公里的我信心爆棚，决定骑自行车游览。吴哥的遗址群主要集中在以暹粒为中心的方圆一百公里之内，一般人会花三天时间进行游览。这意味着我的第一天骑行距离将在 120 公里以上，以后每一天大约在 50 公里左右。当天傍晚，我购买了可以游三天的门票后，售票员告诉我，虽然门票从第二天才开始生效，但当天傍晚就允许游客持票进去看一次日落。

吴哥景区的确太庞大了，从售票处到吴哥窟要顺着一条笔直的柏油路骑行很久。这条路，当年的周达观可能也走过，那些从南方顺着湄公河和洞里萨湖过来的人们，经过最后一段陆路到达了帝国的首都。

接着，前面出现了一片湖区，仔细看起来，这片湖是正方形的，在湖的中间，是一块正方形的陆地。我已经到了吴哥窟（小吴哥）的外围，这片湖实际上是吴哥窟的护城河，而中间陆地的正中央，就是伟大的吴哥窟。只是由于面积太庞大，加上树木林立，还看不到那座巨大的神塔罢了。这里的地域之广，只有到过的人才会有直观的印象。

在周达观的记述里，把吴哥窟称作鲁班墓："鲁班墓在南门外一里许，周围可十里，石屋数百间。"

周达观为什么把吴哥窟称为鲁班墓？这与当地的传说有关。相传建造这个神庙的是一位仙女的儿子，曾经在大神因陀罗天上的宫殿学习技艺，他也是柬埔寨人尊奉的建筑之神。这个传说到了居住在柬埔寨的唐人口中，则把当地的建筑之神与中国传说中的鲁班相比较了。

至于为什么将吴哥窟说成是墓地，是因为吴哥窟建于吴哥王朝鼎盛的苏利耶跋摩二世时期，这位国王死后，遗骨可能就葬在了吴哥窟之内，他把这个恢宏的建筑当成了自己的墓地。

唐人们将这两个传说综合起来，将吴哥窟附会成鲁班墓。

我沿着周达观当年走过的道路继续骑行，到了吴哥窟的东门。从这一侧，可以清晰地看到美丽的吴哥窟。这里游人如织，是远眺吴哥的最佳地点之一。然而这次，我并没有进去参观，只是默默地坐在堤岸上望着落日的余晖照在寺庙的尖顶。

我还有时间，将在两天后返回这里。

趁着天未黑，我继续向着吴哥的中心吴哥王城骑去。在距离东门不到一里之外，游人纷纷从一座小山上下来，那儿就是巴肯山，也是观日出日落的另一个著名地点。在周达观的记述中，这里称为石塔山，"石塔山在南门外半里余，俗传鲁班一夜造成"。之所以称为石塔山，是因为这座几十米高的土山顶上建了一座辉煌的石头寺庙。不过我没有时间爬上石塔山，而是继续向前，接下去就要进入吴哥王城了。

对于吴哥王城，周达观写道：

州城周围可二十里，有五门，门各两重。唯东向开二门，余向开一门。城之外巨濠，濠之上皆通衢大桥。桥之两傍，共有石神五十四枚，如石将军之状，甚巨而狞，五门皆相似。桥之阑皆石为之，凿为蛇形，蛇皆九头。五十四神皆以手拔蛇，有不容其走逸之势。城门之上有大石佛头五，面向四方。中置其一，饰之以金。门之两旁，凿石为象形。城皆叠石为之，高可二丈。

每一个到达吴哥王城的人在城门口就会被震撼到。如今的城门与周达观来时，除了破旧一些，几无变化。这也是我第一次看到那著名的石脸。阇耶跋摩七世在建立吴哥王城时，采取了一个前无古人、后无来者的方式——在主要建筑上雕满巨大的石脸。有人说，这些脸是观世音菩萨的脸；有人说，这些脸是按照阇耶跋摩本人的形象雕刻的。但这些脸又是有差异的，每一张都有着细微的差别，这更增添了神秘性。

除了城门上的石脸，城门外的那伽桥上108座天神也让人感到惊讶。准确地说，是五十四座神和五十四座魔。这些雕塑到现在大多已经残缺不全，许多雕塑的头部已经缺失，却仍然保留了一种令人震惊的美。

穿过城门，借助最后的光亮，我到达了那座独一无二的寺庙——巴戎寺。周达观把这座寺庙称为金塔。但它之所以无与伦比，则是因为那两百多张石脸。由于天色已晚，整个塔上只有我一个游客，置身于这些来自远古的巨大石脸之中，望着石脸上若隐若现的笑容，甚至会发现许多石脸从意想不到的角度盯着自己，这时才能体会到，这个古代的君主是多么自大。他用全国的财力打造出了这座巨型纪念碑，甚至不惜耗空国库，造成整个王朝的倾颓。

由于天色已晚，我决定回去休息。这时才知道自己在不知不觉间已经走了多远，我骑着自行车试图寻找另一条路，却绕了个很大的圈子，在整个遗址区里折腾了一小时，才重新看到了吴哥窟的护城河，只是这时的我已经置身于吴哥窟的西侧了。

第二天，我决定先从远的地方开始，去一些周达观没有到过的地方。我决定先去东北方几十公里外的女王宫（Banteay Srei），再去同一个方向的高布斯宾（Kbal Spean），最后，再折向南方去往罗洛，也就是阇耶跋摩二世选定的都城，比吴哥王城和吴哥窟都更加古老。

这一趟路程的直线距离大约有 120 公里，由于绕路，可能还要更多。我曾有最多一天骑行 200 公里以上的记录，因此并没有把这点路程当回事儿。但事后证明我小看了柬埔寨阳光的强度，以及路上缺水的恐怖性。从高布斯宾出来的一段由于缺水，我看到路边一个草棚里有几个大汽油桶，连忙冲了过去。当地人习惯于用汽油桶装从井里打上来的水。当我发现这里果然有水时，根本不在乎水的质量，也不在乎旁边没人，连忙低下头一顿牛饮。到后来，只要一看到路边有卖水的，立即下来喝上一瓶再上路。柬埔寨的自然景致单调酷热，这几天骑完之后，我的皮肤已经完全晒黑，我已经从外形上当地化了。

在路上，我还碰到了一处新爆炸的弹坑，就在距离路边几十米的田地里。但我没有看到有无伤者。红色高棉残留的爆炸物仍然在折磨着这片贫穷的土地。

女王宫是一处美丽的红色石头建筑。与吴哥窟和吴哥王城中的巨大建筑相比，女王宫显得很不起眼，这座建于阇耶跋摩五世时期的女王宫以美丽的装饰性雕刻闻名。细致入微的佛像、美丽的女神、带着鸟嘴的天神，以及点缀在佛像之间一种特殊的蜗形卷，那拳曲的藤蔓如同是镂空的，有的细部雕刻得薄如蝉翼，却又保持了千年不坏。

这里还有许多动物浮雕雕塑，按照印度教浮雕的传统，动物们大多采用侧姿，从背景墙上略微浮起，但这里的动物是多角度的，有的正对着观众，有的侧身，有的背对，显得栩栩如生。

离开了女王宫，接下来就是十几公里外的高布斯宾了。高布斯宾是一条小河中的一组雕塑，以河水石头中的许多林伽（也就是代表了湿婆的阴茎造型）为主。几块石头上还有躺着的佛像。但最令人感到惬意的，是通向高布斯宾的在林间穿梭的道路。这条路一会儿在树根上攀爬，一会儿在巨大的藤蔓中前行，这里是最能感受柬埔寨丛林的地方之一。

从高布斯宾向南经过荔枝山，荔枝山是高棉人的一座圣山，据说阇耶跋摩二世最早将行政中心移到柬埔寨北部，就选择了这座山。正因为如此，荔枝山成为吴哥人膜拜的圣山。但随后，阇耶跋摩二世发现山顶并不适合做首都，而只适合做一座圣山；于是，他将首都移往南方几十公里外的罗洛，经过几代国王的努力，罗洛首先成为一片寺庙林立的神圣都城。

到罗洛时，我已经在一天之内骑行了一百多公里，身体正好处于疲惫期。在寺庙群最北方的洛雷寺（Lolei），是一片砖砌的寺庙。在越南美山圣地的占婆遗址，大部分的印度教寺庙都是砖砌的，石头寺庙只有一座，还早已倒塌；而在柬埔寨的吴哥，大部分寺庙都是石头的，砖砌的寺庙很少。洛雷寺的砖砌结构恰好说明了它的古老。刚刚从中部的三波坡雷古搬过来的王朝仍然习惯于使用砖块，还没有发现石头的优点。

这些砖寺大部分已经开裂，塔顶上长满了野草，保存状况很差。旁边是一所小学校，学校里的孩子们抓住机会与游客们交谈着练习英文。柬埔寨的英文普及率较高。这个国家的旅游业发达，逼迫着柬埔寨人学习英文，可见生存需要是最好的老师。

从洛雷斯出来，向南上了大路，西行不远我找到另一个向南的岔路，之后就到了罗洛寺群的主要建筑——神牛寺（Preah Ko）和巴空寺（Bakong）。神牛寺也是一组砖结构的寺庙，但它的立柱和门楣已经使用了不少石头构件。巨大的石狮子立在神庙的门前。

建造神牛寺和巴空寺的可能是同一个国王，但它们的象征意义并不相同：神牛寺代表了砖时代的终结，巴空寺则代表石头时代的开始。庞大的巴空寺有着完整的护城河，护城河里是一块巨大的庭院，在庭院的正中则是建造在数层石阶之上的神庙，如同一座巨大的火炬直指天空。从这座建筑上我们已经看到了未来吴哥宏伟纪念碑的一切要素，以后的神庙只是在它的基础上建得更高、更复杂，或者做工更精细、雕塑更精美，加上富有创意的花纹。

结束了一天的行程，回到住处，喝着半美元一杯的吴哥啤酒，才想起现代人比周达观时期最大的享受，就是那取之不尽、用之不竭的冰块。

下一天，我又回到了周达观观察的区域。在吴哥王城和吴哥窟四周，人们习惯上把游览路线分成大圈和小圈，一天游大圈，另一天游小圈。由于两个圈有相互重叠的地方，我决定花一天时间把大圈和小圈都转完，剩下一天再去一下最喜欢的几个地方。

那天我天不亮出发，赶到吴哥窟正好看到了日出。从远方看，雄伟的吴哥窟在初升的太阳下却显得如此渺小。只有到走近的时候，才会对这个人类历史上的建筑奇迹产生敬畏。

苏利耶跋摩二世是一个雄心勃勃的国王，他不仅建造了吴哥窟，还用壁画长廊装饰它。神庙的外围围绕着整整一圈的精美浮雕，国王的形象在浮雕里无处不在，他一会儿骑着大象，一会儿上了战车，一会儿如同一个巨人一样和那伽搏斗着。浮雕里体现的正是他勇武的精神，这种精神鼓舞着他对占婆发动了战争，但他吃了败仗，导致了吴哥的衰落。

在神庙的最高层，是一圈带有四个塔的围廊，围廊的正中间是高耸的中心塔。中心塔里供奉着几座佛陀的造像。国王是位印度教徒，中心塔曾经供奉的是印度三大神之一的毗湿奴。但柬埔寨人改信了佛教后，这里变得更像是一座佛教的寺院，装饰着佛像。

从中心塔向下望去，近处的大道和人流、远处的门楼，以及更远的热气球尽收眼底，但最令人印象深刻的还是柬埔寨的丛林。这里的榕树生长茂盛，因为保护建筑的需要，人们砍掉了建筑物周围的树，但那些没有触动的区域里，树木仍然郁郁葱葱，站在高处一望，仿佛置身于森林之中，我们这才对穆奥发现吴哥时的环境有了大致的认识。

白天的巴戎寺显得更加特别。有人开玩笑说，巴戎寺如同一堆乱石，不像是寺庙。这样的说法有几分道理，大概是因为它特殊的黑灰色石质，使它看上去如同是一堆长满了海苔的礁石，或者喀斯特地形的一座石山。它虽然比吴哥窟小，给人的感觉却如此庞大，它的内部竟然需要一口井来为人们供水。

与吴哥窟不同，巴戎寺的建造者阇耶跋摩七世是一个信奉大乘的佛教徒，他没有把寺庙献给印度教的神，而是献给了观世音。那一张张巨大的脸到底是观世音的脸，还是来自国王本人？人们争论不休。

巴戎寺的北面是一座叫巴芳（Baphun）的寺庙。巴芳寺比吴哥窟和吴哥王城的历史都要久远，它如同一座金字塔般矗立着。在周达观的叙述中，将巴戎寺称为金塔，而将巴芳寺称为银塔，这也说明了它们的重要性。

在巴芳寺外，一位景区管理人员和我攀谈了起来。他能够通过人的面容区分出是中国人、日本人还是韩国人，我请他试了十几次，他竟然全都能猜对。但他在猜我时却犯了错误，把我当成了日本人。他提醒我，游览巴芳寺必须穿过膝的裤子，而我的短裤正好在膝盖之上一点，会被拦住的，他可以把他的裤子借给我。我以为他骗我，谁知走到检票员面前的时候，检票员果然示意我裤子不合格。我连忙把短裤向下扯了扯，裸出了半截肚皮，但是短裤的确过了膝。检票员犯起了迷糊，把我放了过去，那哥们儿在后面狂笑着。

之后，我又两次路过这里，都要和他攀谈几句。我们成了朋友。他告诉我，来吴哥的游客当中，越南人只有在周末才来，欧美游客是一个一个或者一对一对地来，其他亚洲游客却是一团一团地来。日本人的团小一些，韩国人其次，中国人的团更大。最夸张的是泰国人，有时一个团就有两三百人。

巴芳寺以北，就到了周达观所描写的王室宫殿区。根据他的记载，宫殿的正室用铅来做瓦，其余的都是黄色的土瓦。巨大的梁柱上雕满了佛的形象。但如今，我们只能通过周达观的叙述了解宫殿当年的辉煌了。

由于宫殿是木结构的，无法保留到现在，整个宫殿区只剩下了石头的平台还保留着。平台的侧面，一头头栩栩如生的大象和狮子仿佛穿越了时空，仍然在默默地展现着当年的精工。

当暹罗人最后攻陷了吴哥，除了砖石建筑之外，其余的都被破坏，所有遗留的宝物都被带走，留下了一座空城，以及无尽的传说……

第二天还有许多寺庙要转，我不想一一叙述这些寺庙的宏伟和壮观，拍摄过古墓丽影的塔布隆寺、皇家喷泉龙蟠水池、塔萨寺、东梅奔、班叠可迪、托马农、周萨、塔高……但在所有的寺庙里，我最喜欢的还是近乎荒芜的圣剑寺（Preah Khan）。这座同样由佛教徒阇耶跋摩七世建立的寺庙已经成了一片废墟。行走在圣剑寺的时候，我仿佛走进世界末日的一座空城之中。废墟的断壁残垣上还有不少半磨损的佛像，夹杂在荒烟蔓草之间。巨大的榕树从废墟的石块里冒出来，加速了神庙的毁灭，丛林就在断墙之外，仿佛已经做好了准备，把这一切都吞噬掉，变回没有人类居住时的自然。

这里是游人最少的地方，到处显示着一个文明毁灭之后的凄凉。

到了第三天，我花了一上午，坐在圣剑寺里，思考着一个如此灿烂的文明是如何毁灭的。也许，当这些巨大的建筑伫立的那一刻，就已经注定了这个文明的毁灭。

阇耶跋摩七世之后，吴哥越来越显得疲惫不堪，它的东面邻居占婆文明也同样衰落，并被越南征服。而更可怕的是它的西面邻居。长期以来，西面是一个叫作孟的民族与高棉人接壤，但现在，更加富有活力的泰族人从北方过来，抢占了吴哥曾经的地盘。

第四部

蒲甘，缅人的心灵故乡

第十章

骠人的世界

2013 年情人节的中午，我乘坐的亚航航班降落在缅甸的仰光机场。从曼谷起飞到仰光降落，所用时间只有一个小时多一点，在游览东南亚其他国家时，我往往会选择从陆路过境，只有缅甸是个例外，虽然它和中国、泰国、老挝都接壤，但由于政策上的限制，在陆地口岸即使过境，也不让深入内地，所以，游客的选择只能是飞进飞出。

从机场到市中心区时，我和几个法国人拼车，坐在前座的我和司机交谈起来。他边注意着路上汹涌的车流，边告诉我："去年的时候，仰光市的公路上还没有几辆车，可是政府突然放开了购车政策，买车不用再经过政府的同意，结果仰光的街道迅速被堵塞了。"正说着，他的手机响了，是一款漂亮的摩托罗拉手机，他拿起来和家人打起了电话。

在我来缅甸之前，朋友们总是提醒我：缅甸几乎没有手机，而且手机的价格很贵，电话费更贵，那儿还处于电子化之前的时代。

等司机打完了电话，我连忙向他询问实际情况。他告诉我："两三年前，这里是没有什么手机，电话费也很贵。"他举例说，他的手机购买时花了 50 万查特（约合 600 美元），而现在这样的手机可能只有一半价格了。几年前，一款苹果手机的价格则高达几百万查特。

他把手机放在前面，继续说道："现在有手机的人已经很多了，越来越普及化。打电话的价格也下来了，一分钟还不到 100 查特（不到 1 元人民币）。"

汽车停下来等红灯的时候，路边的游商们见车里是几个外国人，连忙凑了上来，向我们展示着一份打印的文件，那是一份《外国人投资法》。于是司机又朝我们抱怨了一通美国政府光嘴巴甜，却没有实际行动，不肯解除对缅制裁。

当汽车路过茵雅湖的时候，我突然问他，这个湖旁边是不是昂山素季的住宅。他听说我知道昂山素季，显得很兴奋。当他听我说出登盛总统的名字时，更把我当成了知己。

"缅甸的变化太大了。"直到我们下车，他还在感慨着。

在外界看来，缅甸自从登盛当选总统之后，发生了天翻地覆的变化。曾经是军人独裁政权一员的登盛总统不仅邀请反对派参加议会，多次被软禁的昂山素季还当上了议员和在野党领袖，政治改革、经济改革、新闻自由改革都在有条不紊地进行着。这位出租车司机的话似乎印证了这些变化。

然而，在仰光的一位韩国人似乎并不这么看。他告诉我："你看到的只是仰光，而仰光作为曾经的首都和最大的城市一直显得不错，如果你到他们的农村看一看，就会发现那儿仍然很穷。至于《外国人投资法》，目前也很难看好，因为对缅甸的制裁没有取消，没有办法利用外国的银行进行资金往来，人们不敢随便来投资。"

到了曼德勒，几位表演艺术家则干脆举起了一个啤酒瓶，告诉我们："缅甸的啤酒经常换商标，但他的却从来没有变过。"

我到缅甸，不想仅仅作为一个旅行者。在其他几个国家我试图用游人的眼睛去观察，但对于缅甸却充满了另一种期待。

缅甸进入历史，在中国的典籍《史记》中就有反映，它和汉代著名使臣张骞有关。

根据记载，张骞为了联合大月氏抵抗匈奴，带着他的使团从新疆进入了中国西方的中亚。中亚本来和缅甸相隔甚远，但张骞在中亚一代活动时，竟然意外地发现了那儿有商人在出售中国四川一带的商品。从四川到中亚，需要北上经过长安，再经过河西走廊到新疆，路途遥远，张骞感到很奇怪，连忙询问对方从哪里得到的，对方的回答更出乎他的意料：这些商品从印度（身毒）过来，而印度的商品又是直接从四川得到。

在这之前，人们还几乎没有听说过印度，即便知道有印度，也会认为要去往印度，必须先经过中亚。那么印度人怎么能从四川得到货物呢？答案是：有一个未知的区域连接起了印度和四川。

《史记》中记载，张骞聪明地测算了印度的方位，得出了印度距离四川较近的结论：

> 臣在大夏时，见邛竹杖、蜀布。问曰："安得此？"大夏国人曰："吾贾人往市之身毒。"身毒在大夏东南可数千里。其俗土著，大与大夏同，而卑湿暑热云。其人民乘象以战。其国临大水焉。以骞度之，大夏去汉万二千里，居汉西南。今身毒国又居大夏东南数千里，有蜀物，此其去蜀不远矣。今使大夏，从羌中，险，羌人恶之；少北，则为匈奴所得；从蜀宜径，又无寇。

张骞的猜测是对的，当时从四川经过云南、缅甸，已经有一条发达的贸易路线将中国和印度两个大国联系起来。从中国到达印度一般有两条路，一条是从新疆经过中亚向南，通过阿富汗进入印度，这条就是著名的丝绸之路南分支；另一条是经过缅甸的丛林之路。

有趣的是，从丛林之路到达印度的四川货物本应该在印度东部地区使用，却由商人携带着穿越了整个印度次大陆，再经过巴基斯坦、阿富汗传入了中亚，可见古代贸易体系的发达。

公元 69 年，东汉政府设置了永昌郡，统辖云南和缅甸的交界地带，其控制力已经渗透到了现代的缅甸境内。

除了中国的记载，与吴哥人不同，缅甸人有自己的史书，这些书对于人们了解缅甸和东南亚有着不可替代的作用。这些史书中，最著名的一本是《琉璃宫史》。

在缅甸的贡榜王朝时期，缅甸王室曾经组织人在皇宫内的一座宫殿（琉璃宫）内修撰了一本类似于国史的书《琉璃宫史》。

《琉璃宫史》对我的吸引力更多来自它的佛教世界观。这本书的"科学"精神展示了佛教的魅力。它的地理知识来源于佛教的俱舍论，考证部分则系统展示了佛教逻辑学（因明学），写这本书的大师们试图通过逻辑学的推理和论证，将佛教典籍、考古学、文献学混合起来，互相校正着，小心地求证缅甸的史前时期。

这种求证由于带着经院哲学先验论的色彩，使用的素材也大多数来源于传说，结论显得有些荒谬，但他们的认真态度并不应该被怀疑。也许史书卷首的诗序说明了他们的态度，也说明了王室编撰此书的目的和过程：

作为一国典籍史册，
或撰君王是非功过，
或写国家兴旺衰盛，
或志宗教变迁沿革。
谬误种种各持一说，
事实不当反复揣度，
召见有识群臣众僧，
齐集一堂殿前高阁。
百宝镶嵌琉璃宫殿，
圣贤之士众聚其间，
研究种种典籍史册，
考证件件碑铭遗篇。
彼此研究互相切磋，
取其精华舍其糟粕，
尊重历史讲求实证，
精心编纂推敲琢磨。

在读这本书之前，我对一个真正的佛教徒眼中的世界是什么样子充满了好奇心，《琉璃宫史》给了我最好的解答。

根据佛教理论，世界永远在出生和毁灭间徘徊，每一次世界的劫难都由四个部分组成，分别是"坏""空""成""住"。所谓"坏"，就是世界彻底毁灭；所谓"空"，就是当世界毁灭之后完全一无所有的状态；接着，世界重新开始形成，生物开始出现，这就是"成"；当世界形成后，会有一段稳定的时期，这就是"住"。每一次"住"，只不过是为了下一次"坏"做准备，虽然这个循环的周期很长，但它注定会发生。

世界的形状形成于"成"时，这个形状是一系列的同心圆结构。"成"时的最初，日月首先形成，接着是位于世界正中的须弥山，在它的顶部居住着帝释天。须弥山的周围有七座金山、七大香海，再外面是一圈称作铁围山的山脉，山脉将须弥山团团围住，与外面的世界隔离。铁围山脉之外是四咸海，形成了下一个同心圆。在四咸海的四周，则分布着四个大洲，分别是东胜神洲、南瞻部洲、西牛贺洲和北俱卢洲。人类就诞生在南瞻部洲之上。

在人类最初的时候，他们的食品高贵纯洁，不需要排泄；他们也不需要性，可以长生。但随着"住"代替了"成"时，好的食品没有了，人们也区分出了男女，于是，衣食住行成为人类的必需。接着出现了四种姓，并有了一位叫作摩诃三摩多的国王。

在这个过程当中，人类的寿命也越来越短，最初人们可以活几乎无限岁，后来则越来越少，现在的人们只能活一百岁，而在未来，最短的时候，人类将只能活十岁。由于寿命的缩短，最初的国王可以统治数亿年，后来的国王则只有几十年的期限了。

当最初的王朝分裂之后，摩诃三摩多的子孙遍及世界各地，并建立了许多小国家。

佛陀的祖先释迦族就是摩诃三摩多的后代，他们建立了一个叫作迦毗罗卫的小国家。根据《琉璃宫史》的记载，从摩诃三摩多王到佛陀，其间共经历了 334 569 代国王。

关于迦毗罗卫国王子悉达多如何成佛，已经是人尽皆知的故事，然而《琉璃宫史》记载，在这一次世界的劫难循环中，却一共要出现五位佛，我们崇敬的乔达摩佛只是其中的第四位。这或许就是中国人说"一佛出世、二佛升天"的来历。

关于这五位不同的佛，史书中也有详细记载。

当人类寿数还有 40 000 岁的时候，一位叫作拘楼孙佛的佛出世了，他一共活了 32 000 岁才辞世，他协助无数的生灵获得解脱，功德圆满后涅槃离去。

一佛死后，人类的寿命从 40 000 岁逐渐减到了 10 岁，接着开始反向增加到了几近长生不老，再减到 30 000 岁，这时，拘那含佛出世了。二佛活了 24 000 岁并安然去世。

二佛死后，人类的寿命从 30 000 岁逐渐减到了 10 岁，接着开始反向增加到了几近长生不老，再减到 20 000 岁，这时，迦叶佛出世了。三佛活了 16 000 岁并安然去世。

三佛死后，人类的寿命从 20 000 岁逐渐减到了 10 岁，接着开始反向增加到了几近长生不老，再减到 10 000 岁，这时，乔达摩佛本该出世了。但是，四佛这时却犯了一个严重的错误：他还没有做好准备，没有完成修行，等他匆忙降生的时候，人类的寿数已经减少到了 100 岁，可怜的乔达摩佛只活了 80 岁就快快离世了。

至于接下来的五佛弥勒佛到底能活多长，我们只能期待他降生的时候，不要让世界立即进入"坏"时。

当这样的世界观逐渐聚焦到人类生存的南瞻部洲时，《琉璃宫史》也就从神话逐渐走入了现实。在南瞻部洲上，有着神山圣湖以及流出的四条大河——象泉河、狮泉河、马泉河和牛泉河。由于佛教来源于印度，根据印度的地理位置，人们很容易想到，所谓的神山圣湖就可能位于它北方的中国西藏境内。在西藏的西部有神山冈仁波齐（印度称为凯拉什山）和圣湖玛旁雍措，附近的区域则有四条河流，分别叫作狮泉河（下游为印度河）、象泉河（狮泉河的支流）、马泉河（下游为雅鲁藏布江）和孔雀河（下游为恒河）。

根据《琉璃宫史》的记载，这些河水流到人间后，滋养了世界各地的人们。在印度的国境内则滋养了大大小小许多国家，主要的国家有十六个，这就是十六国时代。

佛陀时期，印度的确存在十六国时代，或者说印度的战国时代。公元前 500 年之前，印度次大陆小国林立，最主要的国家有十六个，其中最大的叫作摩揭陀，这个国家逐渐统一了印度北方的大部分地区，为阿育王和孔雀帝国打下了基础。

这样，历史和神话就打通了。

既然《琉璃宫史》记载上古时期还是以神话为主，那么，我们为什么说作者们充满了科学精神呢？

那是因为，作者在写作时，只能通过已有的材料来作参校，由于他们所能接触的史料和佛教经典都相信上面的传说，我们就不能指责他们不科学。而他们的写作方法则已经很"现代"了，由于各个佛教经典的记载都不相同，他们必须从各种说法中选择合理的。作者们阅读了大量的史料，经过足够的推敲才做出选择，有时为了一个数字（比如佛陀之前到底有多少代国王）都要推敲半天。佛教的逻辑学是比较发达的，这也有助于作者们利用发达的工具来寻找真相。和现代人一样，当时的作者已经开始使用考古证据，从发掘的一些碑文上考证事情的真伪。这些优秀的品质使得这本史书越接近现代，则越靠近真实。

我此刻不去进一步讨论十六国的历史，而是打算探讨一下，根据传说从乔达摩佛的释迦家族怎么推导出了缅甸的立国。

根据《琉璃宫史》，印度的释迦族虽然为世界贡献了乔达摩佛，但在佛陀没有死的时候，释迦族已经走向了衰落，并最终被它的宗主国拘萨罗灭亡了。但在灭亡之前，释迦族的一位王族率领一批人到达了缅甸境内，建立了一个叫作太公的国家。之后，释迦族的后代又来到了缅甸的卑谬（Pyay），建立了室利差呾罗（Sri Ksetra），这个城市的建立使得缅甸的辉煌时期开始了。

考古学家证实，室利差呾罗是存在的，甚至我们现在还能找到它的痕迹，就在现代的卑谬附近。

不过，考古学家还告诉了我们更多关于缅甸早期的历史，也揭示出，室利差呾罗的人种实际上和后来缅甸居于统治地位的人种缅人属于不同种族。这里曾经存在着另一个已经消失的民族——骠人。

在缅人从北方来到古代缅甸之前，这里已经存在着三种人了。占据主导地位的是骠人；在缅甸西部沿海的阿拉干地区，住着一个叫若开的种族；在南方则是孟人的舞台。

这三种人并非同时存在于缅甸，最初只有西方边缘的若开人，以及南方的孟人。特别是孟人，这个和东方高棉、占婆人齐名的民族一直在这里生活了很久。他们的中心地区位于现在勃固，在仰光北面不到一百公里的地方。在东南部则是直通（Thaton），在古代的史籍中被称为 Golden Land（布满黄金的土地）。孟人还在泰国境内建立了许多国家，在泰人进入泰国之前，孟人还是泰国的主要人种，泰国历史上第一座都城佛统，就是由孟人建立的。如今骠人已经消失，孟人这个民族却还存在于缅甸东部的海湾地带，缅甸政府在这里成立了孟邦。

若开人如今同样存在，在缅甸西部靠近孟加拉国的地方有一个若开邦，居民就是当年若开人的后代。

只有骠人这个曾经雄霸缅甸的民族消失了。他们从北方来到了这片土地，并成为这里的主人，骠人建立了许多小国，如今在缅甸的卑谬、贝克塔诺、汉林，都还有骠人国家的都城。而在所有的国家中，卑谬的室利差怛罗无疑是最大的，这一点和《琉璃宫史》的记载完全相符。

我游完缅甸的北方，从蒲甘回到仰光乘飞机离开之前，卑谬成了我在缅甸的最后一站。

蒲甘到卑谬一天只有一趟汽车，下午四五点钟上车，夜间十点多到达。由于缅甸的改革，怀着好奇心的游客们大量涌入，缅甸的旅馆行业已经有几十年没有发展，如今一下子处于饱和状态。这几年的旅馆价格已经翻了两番，2012 年后短短一年时间就涨了一倍。即便这样，如果想找到住的地方，也最好在白天到达。

夜晚才到的我只能在街边找了一条木头长凳躺下睡了一夜。缅甸的小店外面往往有一些长凳，甚至有些是好几平方米的木制平台，都是夜间睡觉的好地方。

第二天一早，我打听到室利差怛罗遗址群（现在叫塔耶基塔亚，Thayekhittaya）距离车站还有七八公里，由于时间足够，决定走过去。

在途中，一处叫作吉塔（Payagyi）的建筑吸引了我。不管是在印度、中国，还是在东南亚，我已经见过无数佛塔，但是像吉塔这样独特的却是第一次见到。这座砖塔可能已经有 1500 年的历史，只有久远的历史能够解释它的怪模怪样。

东南亚的塔一般有几种形状，其中最常见的一种下部是个半圆形或者覆钵形，上部带着尖顶的，这种塔在泰国称为 Chedi，到了缅甸有时也叫 Chedi，有时用

Paya 作为统称。除了这种形制外，还有一种从印度引进的塔型，形状如同一个玉米芯，这种塔被称为 Phrung。在缅甸现代最多的是 Chedi 形制的塔，而在古代（比如蒲甘时期），由于宗教是从印度学来的，许多塔都是 Phrung 形状的。但是，这个叫作吉塔的建筑年代上可能早于任何一座蒲甘的建筑，可以说是缅甸塔的源头之一。在建造这座塔时，缅甸人可能还没有对建塔总结出足够的经验，边摸索边建造了吉塔，这座塔的形状像一个巨大的鸟蛋，鸟蛋的下半截埋在了地下，只有上半截露在了外面，形状还有些不大规则。

正是这个吉塔指出了室利差怛罗的界线，在古代，这座塔就是这座城市的四个角之一。但是，由于吉塔附近都盖上了房子，如果要看古城的城墙，需要绕到三四公里之外去。

所谓城墙，现在看起来只是一道土堤，偶尔从土下露出了一点砖的痕迹。考古学家在挖掘时，故意把一段被压在榕树下的砖墙裸露了出来，巨大的榕树根缠绕着带着水门的城墙，沧桑的力量展露无遗。

就在我以为形状古怪的吉塔是独一无二的时候，抬眼却发现一公里外还有另一座同样古怪的塔，它叫玛塔（Payamar），标识出城市的另一个角。

玛塔和吉塔虽然形状类似，都不规则，却不雷同。在玛塔的顶端，人们为它加了一个小小的金顶，但同样由于形状不规则，没有对称点，人们放置金顶的时候虽然煞费苦心，但从远处看去，那个金顶还是像一顶无法戴正的帽子歪歪扭扭地扣在顶端。

在塔的附近是大片大片的水稻田，有的水稻田刚播下苗，有的还露着稻茬，还有的田里有人在耕作。几头水牛默默地低头听着人的驱使，当地人穿着传统的缠腰布，晒得漆黑。也许，在一千多年前，他们也在用同样的方式耕作；也许，历史在有些地方的变化比我们想象的要小得多。

缅甸的缠腰布是一种不错的服装，男人们把一块布的两头缝起来，如同穿裙子一样罩在下身，在腰上打一个结固定住（不需要腰带），当作裤子穿。来到缅甸的第二天，我就禁不住买了一块，在缅甸接下来的时间里，一直穿着这块缠腰布（除了晚上洗衣的时候），加上我也和缅甸人晒得一样黑，缅甸人都把我当成了本地人。

室利差怛罗遗址的面积甚至比蒲甘和曼德勒都大，分布着几个现代的村落，古老的寺庙遗址点缀其间，偶尔可以看见小山一般的夯土堆，那或许是过去巨大建筑的遗迹。

这里的宗教深受印度的影响，从遗址出土的文物看，印度教的毗湿奴神到佛陀的雕像都可以找到，到了后期，小乘佛教使用的巴利文已经成了主流。

由于它的规模巨大，存在时间长，到缅人政权成立后很久，政治中心已经移到蒲甘之后，人们还习惯称它为国都。

骠人的衰落再次与中国拉上了关系。缅甸经济的繁荣让骠人忽视了一种危险，他们没有想到的是，在他们的北面，一个强大的国家正在形成，这就是云南境内的南诏。

公元 748 年，是中原的唐朝爆发出巨大活力的时候，也是西藏的吐蕃王朝进入繁盛之时，在云南南诏，也出现了一位勇武的统治者阁罗凤。登上王位后，他立即开始了南征北战。由于西方的吐蕃和北方的唐朝都处于繁荣时期，对于南诏人来说，唯有南方的骠人是最合适的并吞对象。

阁罗凤调集了大量部队进入缅甸地区，室利差怛罗以北存在的许多骠人小国由于缺乏统一的领导，无法对抗，他们放弃了自己的土地，纷纷向南逃窜，将压力逐级传递到了伟大的室利差怛罗。

关于室利差怛罗是如何灭亡的，已经很难考证，很可能是在南诏的压力下，一群不知道是什么种族（也可能是缅族）的人劫掠了这座城市，之后南诏来了，暂时成为这座城市的主人，俘虏们都送入了云南府。

与之前存在的孟族和以后存在的缅族不同，骠人这个曾经辉煌一时的民族消失得无影无踪，他们可能融入了其他种族，但作为独立种族却不存在了。

室利差怛罗这座曾经辉煌的城市再也没有恢复过来，它把权杖传给了一个新的民族——缅人。

第十一章

缅人来了，蒲甘永存

在欧亚大陆的历史上，北方广阔的草原地带历来是神秘的民族制造机。这里如同变戏法一般涌现了无数的游牧民族，不停地向南方迁移、骚扰、并吞，最后被同化在南方的文明之中。然而，在前一拨人已经习惯了舒适萎靡的生活时，另一拨游牧部落又已经整装待发了。

周朝时代就有犬戎和西狄在北方游弋，秦朝时则是匈奴的天下。而在遥远的欧洲地区，罗马帝国则受困于从北方迁来的各种各样的蛮族人：哥特人、汪达尔人、日耳曼人，甚至包括匈奴的族系，都从北方的神秘地带源源不断地涌来。

到了后来，亚洲的北方民族分成突厥人、蒙古人和通古斯人三大种群，包含着无数的支系；而欧洲的维京人和斯拉夫人则继续向南侵略。

这些林林总总的蛮族如同上帝变魔术一般出现，匆匆走过历史，或者消失了，抑或变成现代人的某一支祖先。

而在亚洲，除了北方草原之外，还有另一个可以称之为民族制造机的区域，这个区域在中国广西、云南、西藏，以及东南亚北部的高山和丛林地带。这里曾经生活着百越民族，他们处于历史之外，却默默地生存着，直到有一天被外部的文明发现、记录，并一鸣惊人。

缅甸南部最初是东南亚土著孟人的天下，后来，骠人则从云南的山区或缅北开始南下，占领了缅甸最富裕的地区。当骠人在南诏的侵袭下逐渐解体的时候，北方的缅人乘机进入了历史，并建立了国家。

缅人建立国家之前，没有人知道他们究竟来自哪个具体的区域，他们是谁的后代。

有人认为，缅人的祖先和藏族、羌族人比较接近，他们可能来自从西藏北部到甘肃的戈壁沙漠之中，属于游牧部落，之后，缅人的祖先进入了四川云南和西藏东部的山区，变成了丛林民族，并通过恩梅开江和萨尔温江的中间地带进入了缅甸。当南诏灭亡了骠人的国家之后，原本居住在南诏和骠人之间的缅人乘机崛起，从山区下到了缅甸中部地带。公元 9 世纪，一位叫频耶的缅族首领在伊洛瓦底江边建了一个小小的村庄，在未来，这个小小的种子会生根发芽，并成长为一个世界性的奇迹。

在中南半岛上，只有两个地方能够称得上世界性的奇迹，如果从规模和复杂程度来说，甚至可以居于世界的前几位。它们是柬埔寨的吴哥，以及缅甸的蒲甘。对于前者，中国人并不陌生，但是对于后者，听说的人却不多。甚至有的人表示不服气，想不出还有什么样的地方可以和吴哥相比。

当我怀着这样的好奇心来到蒲甘时，是凌晨三点钟。从曼德勒过来的汽车晚上十点发车，售票员告诉我们，汽车会跑一晚上，在第二天早上到达蒲甘。但大概随着道路系统的改进，售票员的消息已经过时，乘客们三点钟揉着眼睛下车时显得手足无措，不知是该多花一天的钱找旅店，还是在原地等待天亮。

我决定乘这个机会去寻找看日出的最佳地点。当我询问车站上的人哪里更适合看日出时，"你可以去瑞山都（Shwesandaw）佛塔，那儿是最好的地点。"一个人友好地告诉我。

车站距离瑞山都还有几公里。瑞山都并不好找，直到我碰到一个骑自行车的当地人，才在他的指点下到达那座塔下。这时候天空还没有一丝黎明的迹象，天上的北斗星熠熠生辉，通过它可以知道日出的方向。

登上了瑞山都，可以看到北方有两座巨大的带着灯光的塔，照明灯散发出橘黄色的光。过了一会儿，又来了几个人，我们边聊天边等着天亮。

东方泛白时，塔顶上已经站满了手持单反的人，不乏硕大的炮筒。我们由于来得早，占据了较好的位置，这真正体现了位置高于设备的道理。

随着天色慢慢变亮，还没有等到日出，刚刚可以看到周围的景色，我就已经断定：这里的确可以和吴哥相比，甚至比吴哥更加壮观。

　　这里的景色给我的印象更加深刻，还因为人们大都是白天到达，已经看过了不少佛塔，所以他们已经预料到在瑞山都塔顶能够看到什么样的景象，可我是夜间到达的，登上瑞山都之前，甚至一座完整的佛塔都没有见到，等天一亮，当几百座佛塔同时映入我的眼帘时，壮观的景象的确让人难以忘怀。

　　论单个的建筑，吴哥的寺庙更加高大，而且是石质的，建造难度也更大，大部分都是砖砌寺庙的蒲甘的确比不上吴哥。可吴哥寺庙虽然数量众多，和蒲甘一比，就不在一个数量级上了。从瑞山都的塔顶望下去，在整个蒲甘平原上，一座座佛塔如千军万马一般密密麻麻，当地的调查部门曾经为所有的佛塔进行普查和编号，号码已经编了三千多，至今仍然不敢说把所有佛塔都编到了。这些佛塔小的只有三米高，最高的他冰瑜（Thatbyinnyu）高达 63 米，在没有钢筋结构的古代如同摩天大楼一般直插云霄。

　　在太阳升起前，东方的天际突然出现了 7 个热气球，彩色的气球缓缓上升，别有一番景致。就在这时，红色的太阳出现在天边，最初是一条边，接着是个扁平状的半球。

　　太阳的前景是一座如同小山般的寺庙，它像一座巨大的阶梯状金字塔般陪衬着太阳，在橘红色的天空中傲然挺立。

　　天终于完全亮了，我在塔顶行走着，观察着周围的一切，以及那几座超大型的寺庙。

　　沿太阳的方向望去是那座小山般的达玛扬基寺（Dhammayangyi），达玛扬基更远方的东偏北位置，还有一座高耸的寺庙叫苏拉玛尼（Sulamani）；除了像达玛扬基那样有庞大金字塔般的基座之外，还有一座高耸的塔楼，如同一把匕首刺向天空。

　　在瑞山都的北方有两座大塔，一座叫阿难陀（Ananda）。阿难陀的形状很像苏拉玛尼，但是更加壮观，带着金色的顶部。阿难陀的西面则是最高的他冰瑜了，他冰瑜的形状非常现代，仿佛是有了钢筋水泥之后建造的作品，但它已经存在了近千年。

　　他冰瑜的远方则是一片现代人修建的仿宫廷建筑，那儿曾经是古代蒲甘的王宫区。依照传统，只有佛寺是用石头或者砖建造的，古代王宫由于是木头结构，都已经荡然无存了。有的人认为重建的王宫显得和古代建筑不搭调，但从瑞山都塔上望下去，还是显得很壮观。

在瑞山都的西面日落方向，则是另一座著名的塔——明噶拉塔（Mingalazedi），这座塔的位置已经接近伊洛瓦底江水边了。在南方，还有无数的佛塔矗立着，由于是早晨，雾气还没有完全散开，南方的塔仿佛都在云上飘荡着。

在这片红色的土地上，无数小塔分布在大塔之间，由于干旱，树木不多，却又星星点点分布在众多的塔群之中，给人以一种荒凉感。如果不是一条条人踩出来的小径，也许会有人以为他到了一个古代遗迹。

平原四周则是一连串的山，起伏的山峦围绕着这个世界奇迹，并保佑了它近千年。1957 年，一场里氏 6.5 级的地震袭击了蒲甘，许多建筑受到破坏，人们不知这片遗址还能保存多久。随后展开的抢修工作减少了人们的担忧，到如今，只有少数小塔还保留着地震的痕迹，大部分都已经恢复如初。

缅族人在蒲甘定居之后，1044 年，缅人历史上第一位著名国王出现了。他叫阿奴律陀（Anawrahta），统一了缅甸的大部分地区，并将外围的阿拉干地区和下缅甸的孟族居住区也收入了版图。不仅如此，他还进攻了柬埔寨的吴哥帝国，阻止了吴哥的西进，并乘势将泰国的大部分地区收入囊中。当骠人的政权衰落之时，在缅甸南部（也就是下缅甸），属于孟人的直通王国又开始复兴，并成为一方霸主。然而，这个时期也恰好是吴哥帝国西进的时代，强大的吴哥帝国将泰国境内的孟人政权一一击败，使得下缅甸的孟人王国也出现了混乱，阿奴律陀借此机会不仅征服了直通，还将吴哥王朝赶回了东部，从而成为与吴哥并立的霸权。

两个东南亚历史上最伟大的帝国相遇了，一个拥有着吴哥奇迹，另一个拥有蒲甘天堂，更何况，两个帝国都处于上升时期，都在修建着大规模的建筑。

缅甸人对阿奴律陀充满感激，还在于他正式将小乘佛教（或许，我们更应该把小乘佛教成为上座部佛教，或者南传佛教）引入缅人的国家。在并吞了直通之后，阿奴律陀将直通王国的佛经和圣物统统运往北方，间接地传播了小乘佛教信仰。在此之前，缅人虽然已经有了佛教信仰，但信奉的大多数是阿利教，属于佛教的一个分支，兼有大乘和密教的特色，不节欲，从某些方面很像西藏历史上红教（宁玛派佛教）。阿奴律陀虽然没有明确确立小乘佛教的地位，但直通对于小乘的信仰使得缅人在未来做出了选择。

在印度佛教历史上，也曾经出现过类似于基督教发展史的变化。最初，人们选择佛教不是为了拯救世界，而是为了拯救自己，他们把修炼看成是一种自我救赎的方法，希望通过修炼达到涅槃的境地，也就是跳出生死轮回，达到永恒的境界。

但随着佛教地位的上升，许多僧侣已经不满足于救赎自己，还想去救赎别人，于是，佛教也就走到了大乘阶段。大乘佛教的信徒相信只有自己的学说才可以经世济民，是集学说之大成者，所以把自己称作大乘，而把原来只顾自己修炼的佛教叫作小乘。

在大乘和小乘分裂的同时，另一个支系也在形成，那就是密教体系，所谓的金刚乘。在佛教创立的初始，人们往往认为修炼是一个逐步的过程，任何人通过艰苦的修炼都可以达到涅槃的圣境。即便人们这辈子没有通过修炼达到涅槃，他的修行将会随着灵魂带入下一个轮回中，并累世积累下来，直到修行圆满。我在泰国的寺庙中住过几天，泰国的佛教属于小乘，在讲解修行时仍然采用这种方法。

但随着人们偷懒思想的泛起，人们开始相信，有慧根的人可以通过顿悟直接得道，而不再需要苦苦修炼，这种顿悟就是所谓的方便道。再发展到后来，又有人开始相信，通过灌顶等手段，师傅可以把自己的修行和认识传递给徒弟，帮助徒弟"开窍"。在佛教的初始阶段，师傅的作用严格限制在帮助徒弟进行思考上，至于修行是否成功，要看徒弟的努力，但随着密教的普及，师傅已经从辅导作用变成了决定性作用，所谓方便道也成了人人向往的捷径。

小乘佛教的人们自称为上座部佛教，它们的传播从印度北部开始，逐渐向南进入了南印，再进入岛国斯里兰卡，最后通过斯里兰卡进入东南亚，因此也被称作南传佛教。大乘佛教的传播路径大都通过中亚地区进入了中国，并传向日本、朝鲜等地。

至于密宗则大都集中在印度本部和中国西藏境内。西藏的佛教既是大乘，也包括密宗。

对于宗教而言，由于政教合一的方式往往会带来灾难性的结果，我更希望将宗教定位在个人的信仰和体验上，所以，我不喜欢大乘的所谓经世济民，反而更欣赏上座部的简朴和谦逊。

当我站在瑞山都上欣赏蒲甘全景时，还没有意识到这里是和阿奴律陀王最为接近的地方。蒲甘的大规模建设是从阿奴律陀开始的，而蒲甘首座著名的佛塔就是我脚下的瑞山都塔。瑞山都塔形象修长，规模上不算最宏大的，却是最美的塔之一。与我在卑谬看到的那些怪模怪样的佛塔相比，瑞山都塔显得高贵和典雅，说明从骠人过渡到缅人的时期，建塔技术已经有了飞速的发展。

阿奴律陀死后，他的儿子短暂地继承了王位，然而南部（下缅甸）的叛乱随之而起，新王在镇压叛乱的时候证明了自己的无能，被叛军所杀，成为一个过渡性的人物。一个叫江喜陀的人（可能也是阿奴律陀的儿子之一）在新王被杀后登上了王位，并迅速恢复了缅甸的统一和安宁。他成为缅人帝国第二位著名的国王，并成为蒲甘城市发展的推动者，同时还是缅甸上座部佛教信仰的里程碑。

在上座部佛教历史上，印度次大陆东南方的小岛斯里兰卡是一个绕不过去的地方。这里在历史上曾经和次大陆相连接，随着海水上涨，那段连接两岸的大陆桥（印度人称它为罗摩桥）沉入了水底，斯里兰卡成为岛国。

在印度的佛教趋于衰落之时，斯里兰卡继承了印度的佛教传统，并保存了大量的佛教经典。东南亚的佛教兴起之时，由于缺乏佛经，人们纷纷从斯里兰卡引进经书，促成了东南亚佛教的发展。由于佛教南传的时间较早，当时大乘佛教还没有产生，因此斯里兰卡有着几乎原汁原味的佛教传统，也使得东南亚的佛教大都出自上座部。

缅甸土地上的佛教最初是直接从印度北部传过来的，另外还有一部分从中国舶来，这两个部分都已经成了大乘佛教的中心，因此缅甸的佛教最初是一个大乘和密教的混合体，直到江喜陀时代才最终确定了小乘的地位。

江喜陀时代恰好是印度南部的朱罗王朝（注辇）最强大的时期，朱罗的君主们调集大军入侵斯里兰卡，统治了这个岛国半个世纪。由于朱罗王朝的国教是印度教，经过 50 年的同化后，斯里兰卡的佛教传统遭到了极大的破坏。

江喜陀帮助斯里兰卡王恢复了国家，发现斯里兰卡佛教传统近乎中断，于是派出僧侣去帮助斯里兰卡恢复佛教传统。这些僧侣发现，虽然岛国的佛教仪轨丢了，但典籍仍然存在，他们如获至宝般从斯里兰卡搜集着佛经，将大量文献传回了缅甸。缅甸逐渐取代了斯里兰卡成为上座部佛教的中心，而蒲甘就是这个中心的中心、皇冠上的明珠。

蒲甘的大规模建设也是在江喜陀时代开始的。那多如牛毛的佛寺遍布在河边的平原之上，将整座城市打扮得如同神话般美丽。

蒲甘的建设还间接地促进了缅族和孟族的民族和解。由于缅族来自北方的山区，不管是技术还是艺术，都暂时无法和文明更加发达的孟族相媲美，当江喜陀开始大规模建设的时候，就发现必须使用那些孟族的能工巧匠。阿奴律陀王虽然统一了缅甸，却没有办法将两个民族融合起来，江喜陀则更加自觉地采取了宽容孟族的方法。

大量的工匠从南部北上去建设新的都城、新的佛寺，他们的创造力被最大限度地调动了起来，整个蒲甘如果说是缅族的城市，不如说是孟族的。

在江喜陀时期所有的杰作中，美丽的阿难陀寺有着重要的地位。这座寺庙还有个来历，在几千公里外的印度东部，有一个叫奥利萨的邦。在奥利萨的首都，有一个叫乌达雅吉里的地方，那儿有两座并肩的小山头，分别叫作乌达雅吉里和坎达吉里，在小山上分布着诸多的石窟，这些石窟至今仍然存在，是早期印度佛教流传至今的瑰宝。

几位从印度来的人把乌达雅吉里洞窟的美丽和豪华传给了江喜陀，气盛的君主决定在自己的首都创造一个类似的佛寺，他要让它超过印度的石窟，表现得更加完美和虔诚。

如今的乌达雅吉里仍然耸立在印度，那些美丽的石窟虽然还存在，但在岁月的侵蚀下，已经显得残破和寒酸，许多石窟的雕刻已经无存。但蒲甘的阿难陀寺仍然雄踞在平原上傲视着周围的小塔。

江喜陀建造的另一个塔是著名的瑞喜宫塔（Shwezigon）。蒲甘的塔实在太多，许多塔都是雷同的，比如，阿难陀与苏拉玛尼很相似，和明噶拉塔这样名叫 Chedi 的塔相似的更多，但和瑞喜宫类似的，一个都没有。它圆柱形的塔身上贴着金，在阳光的照耀下发出耀眼的光。

江喜陀死后，蒲甘王国继续繁荣着。江喜陀的外孙、阿隆悉都王即位后，建立了蒲甘最高的他冰瑜塔，以及在他冰瑜塔北面的瑞姑塔（Shwegugyi）。阿隆悉都与前几位国王不同，他的抱负不是武功，而是文治，以及对众生的虔诚。从这里也可以看出，蒲甘王国到了阿隆悉都时期，已经进入了全盛期，武力已经成了第二位的选择，国王渴求的是繁荣与和平，他大兴土木来展示帝国的强盛。在瑞姑塔上，这位虔诚的国王刻下了一首颂词，这首颂词可以看作一个佛教国王最完美的理想：

> 我将建造一道大堤，
> 穿过那生死轮回的长河，
> 让众生迅速渡过，
> 以达到幸福之都。
> 我自己也将渡到彼岸，
> 并将沉溺者也带过此河……
> 啊，我已克制了自己，
> 将使任性的人也能克己，
> 我自己得到安乐，
> 将使胆怯的人得到慰藉；
> 我自己已被唤醒，
> 将唤醒别的沉睡的人；
> 我自己已做到冷静，
> 将使内心焦灼的人也变得冷静；
> 我已得到解放，
> 要解除被束缚者的桎梏。

我自身安静，并将在美善的教旨指引下，

使人间憎恨归于平息。

　　阿隆悉都死后，蒲甘的繁荣仍然在继续，那个金字塔小山般的建筑达玛扬基在他死后两代短命国王时期建造起来，接着是苏拉玛尼。建筑群从最初的旧蒲甘区域向着整个平原扩展，不仅是国王建造佛塔，就连大臣们、普通人也开始大兴土木，他们建不了那种举全国之力才能做到的大塔，就建造小型和中型的佛塔，在一阵风潮过后，蒲甘平原上有了几千座佛塔。

　　当蒲甘王朝的两百多年过去，人们回头才意识到他们的前辈创造了什么样的奇迹。此后，蒲甘城为了缅甸永恒的首都，虽然以后缅甸的首都经过多次搬迁，曼德勒、东吁、勃固、仰光、内比都，但人们心中永恒的首都只有一个：蒲甘。那些寺庙也屡经修缮，至今大部分还耸立在平原之上。

第十二章

马可波罗笔下的蒙缅战争

从瑞山都塔下来，准备去找一个住处。巧合的是，我在路上碰到了两位德国朋友，这两位朋友是我在仰光认识的，他们给我介绍了一处最便宜的旅馆。旅馆院子里的游客们或坐或卧，有的喝着啤酒，有的在聊天，这里环境很不错。

我租了一辆自行车继续游览。经过了瑞喜宫，我沿着蒲甘平原北部沿河的地区游览，沿途有不少的中型砖塔，有的砖塔还可以顺着隐蔽的楼梯爬到塔顶。楼梯周围有一股蝙蝠粪的气味，有的地方堆满干掉的蝙蝠粪。

与世界上其他旅游景点不同，当地居民虽然也卷入了旅游经济之中，但大部分居民仍然保持着自己的生活方式。在各处砖塔之间，偶尔还有一些小村落，当地人依靠打鱼为生。

这天，我碰到了另一位德国人，我们的旅游线路是相同的。但我们最初并没有在一起走，于是，在经过每一座塔时我都会碰到他，他总比我先到几分钟，再早离开几分钟。

在一座塔前，我问他这座塔叫什么名字？"托马斯。"他回答。原来他没听清楚我问什么，以为我在问他的名字。从这时开始，我们决定结伴同行。托马斯看上去有五十岁左右，在两德统一之前生活在东德，是个司机。他游览了世界上大部分国家，一路上不停地给我讲他的旅行见闻，并怂恿我到美洲去。

在东南亚不同的国家碰到的人也不一样。比如，在老挝，我碰到最多的是法国人，这里曾经是法国的殖民地，法国人似乎有怀旧的传统，希望来到这里看看当年帝国的辉煌。在越南则是法国和美国人居多，原因是这两个国家都在越南吃了败仗，甚至有许多美国大兵专门到西贡（胡志明市）的战争罪证博物馆去参观，博物馆里充满了对美国军队的控诉，但美国人似乎照参观不误。而在柬埔寨和泰国，由于旅游业发达，各国的游客都很多。至于缅甸，我却出乎意料地碰到了许多德国人，这或许证明德国人不愧为世界上最喜欢旅游的民族。

到了傍晚，托马斯想看日落，他也知道瑞山都是看日落的好地方，却不知道怎么走。我自告奋勇给他带路，于是，在观看了蒲甘壮美的日出之后，我又幸运地看到了同样壮观的日落。太阳从光芒万丈逐渐变成了橘黄色，最后变成了暗红色，坠入山后。在一天之内见到了日出和日落，似乎象征着再壮美的文明奇迹也会从兴盛走向衰亡。

1254 年，一位叫作那罗梯诃波帝的国王继承了王位，在这之前，由于王室挥霍无度，这个国家的财政已经出现了严重的问题，新国王似乎没有意识到这一点，他开始了新一轮向北扩张，没想到这次扩张却遭到了强烈的反抗，一个叫作掸人的种族出现在云南的大山里。他们与以后占据了泰国的泰人是同宗，或者说是泰族人的一个分支。

那罗梯诃波帝的暴政引起了北方掸人的反抗，使得这个已经衰老的帝国更加艰难。但这还不是事情的全部，对于蒲甘王国更不利的是，一个当时世界上最强大的帝国正在它的北方形成，那就是元帝国。那罗梯诃波帝时代，蒙古人已经取代了宋人，统一了北方，与孱弱的宋人相比，蒙古人征服的野心和强大的武力都已经超出了邻居们的想象。

在征服了大理之后，元朝的帝王忽必烈于 1271 年开始派遣使者前往蒲甘，责令它臣服并纳贡。同样野心勃勃的那罗梯诃波帝认为这是对他的侮辱，对使者避而不见。两年后，元朝使者再次来到了蒲甘的王庭，这次他们受到了接见。然而，元朝使者忽略了一个小小的礼节，他们不知道南方的人有多么憎恨鞋子。对于北方的游牧人来说，足蹬大皮靴是一种威武的表现，但对于缅甸的佛教徒来说，穿鞋子进皇宫是一种极其粗鲁的行为，于是，使者被处死了。

这件事引起了元朝的强烈反应，忽必烈派大军开始进攻缅甸。关于这次战役，我们知之甚详，这多亏了一位西方的观察者——马可波罗。

1275 年到 1295 年，年轻的马可波罗跟随着父亲去中国做生意，由于他能讨得忽必烈的欢心，不仅被封了官，还当上了皇帝的特使。这段时间也恰好是缅甸遭受元军入侵的时间。于是，这位喜欢游荡的年轻人在他著名的游记里记下了双方的战争，缅军的大象尤其给这些北国的士兵和欧洲人留下了深刻的印象。

我们将对在此地进行的一场值得纪念的战争进行详细的描写。1272 年（应当是 1277 年），大汗派遣一支军队来永昌和哈剌章这两个地方驻防，以抵抗敌国的入侵。此时，他还没有任命皇子去主持这些地方政府。

印度的缅与班加剌（孟加拉）的国王，他的疆土广大，人口众多，财富充实，当他听说鞑靼人的军队已来到永昌，便马上起兵进行攻击，企图歼灭这支军队，使大汗不敢再派遣军队到他的边疆上。为此，他召集了庞大的军队，军中有为数众多的大象。木制的亭子搭建在象背上，可容纳十二人至十六人。他率领这些象和大批的骑兵、步兵，向大汗的驻地进发，并在距永昌不远的地方安营扎寨，以便让自己的军队恢复体力。

大汗军队的统帅是纳速剌丁（Nestardin），他虽是一个勇敢而能干的军官，但听说缅王统率如此庞大的军队来攻，仍不免大吃一惊，因为他自己所指挥的军队还不到一万二千人，而敌人在象队外就有六万人。但他并没有显出丝毫惊慌的样子，只是让军队退到了永昌的平原，并在一个侧面有一座密林掩护的地势险要处扎营，万一象队猛攻，他的军队可以退入林中，并且可从这里安全地用弓箭扰乱敌人。

他召集军中的将领，告诉他们，胜利不在人数的多寡，而在于勇敢与纪律。因此，他要求他们在这次战役中表现的勇气，应不亚于以前的各次战斗。他又告诉他们，缅和班加剌王的军队不懂得战术，缺乏打恶仗的经验。因此他们不应该因为敌人的人数较多而感到气馁，应该相信自己的力量。最后他说："我们的名字不仅要让眼前的敌人感到害怕，而且要让全世界都感到战栗。我一定会领导你们获得胜利。"

当敌军听说鞑靼人已经退到了平原，也随即前进到距鞑靼人约一英里的地方扎营。缅王发出命令，率领全军勇猛地扑向鞑靼人的阵营。而鞑靼人却按兵不动，沉着应战。他们诱使缅军冲到他们的壕沟前，然后勇敢地冲出营寨准备与敌人短兵相接。但是鞑靼军队很快发现，由于自己的战马从未见过这样载着木亭的庞然大物，竟然吓得惊慌失措，掉头便跑。骑士们虽然竭力制止，但仍无济于事，因此缅王率领军队逐渐占据了优势。鞑靼人的统帅发现了这个意外的变化，但他并没有失去镇定。他立即下令改变战术，让兵士下马，把马赶入密林中拴好，然后徒步向象队冲去，开始了敏捷的射击。

同样，木亭中的敌人和缅王的其他军队也奋力回击。但由于他们射出的箭，不如臂力强劲的鞑靼人准确有力，所以逐渐抵挡不住了。同时，鞑靼人不断地用箭和其他兵器集中攻击大象，使大象受到了重创，于是它们突然退却，扭头奔向身后自己的兵士，冲乱了阵脚，使得站在象背上的人也无法控制了。

这些大象既受伤痛之苦，又被进攻者的呐喊所惊，不再听从驾驭者的指挥。它们肆意奔逃，最后由于愤怒和恐惧竟然奔入了鞑靼人所藏密林中。结果，粗大的树枝击毁了它们背上的木亭，戳死了那些坐在里面的士兵。鞑靼人看见象队已经溃败，又重振士气，整好队伍，重新上马，将各小队联成一体，勇猛地冲向缅军，于是一场残酷的战斗开始了。

缅军也没有因此而丧失锐气。缅王亲临战阵，要求士兵沉着应战，不要因为象队的失败而害怕。然而，鞑靼人箭术高超，远非他们所能抵挡。当双方的弓箭射完后，士兵们又拿起了剑、矛和铁锥，勇敢地展开了肉博战。一时间，刀光闪烁、血肉横飞，许多人重伤倒地，断臂折足，血流成河，惨不忍睹。双方相互绞杀，喊声震天。

缅王作为首领，表现得十分勇敢，他经常出现在最危险的地方，鼓舞着士气，要求士兵们努力守住阵线，同时又下令用预备的主力骑兵去支援那些精疲力尽的部队。但是他最终看出已无法抵挡鞑靼人的军队了，于是只得率领残余的军队向后撤退，在后撤时又有大批的士兵被杀死。

这场战斗从早晨杀到下午，双方都损失惨重，但最后鞑靼人取得了胜利。制胜原因中最重要的一点就是鞑靼人阵地侧面森林的掩护。缅王不应该选择这个地点，而应设计将敌人引到旷野中，使他们不能抵抗象队的攻击，然后再将两翼的骑兵展开，便可将他们团团包围。

鞑靼人在击败敌人后，又收兵回到象群逃避的林中，准备生擒大象。但他们发现，那些从木亭上逃下来的人正在砍树断路，准备自卫。于是鞑靼人立刻杀死了他们，只留下那些惯于驾驭大象的驭手，并凭借他们，缴获了两百多头大象。

自这场战争以后，大汗军队就经常用象作战。这次胜利，使大汗夺得了班加刺和缅王的全部疆土，并将其纳入了自己的版图。

按照马可波罗的记载，元军一战就获得了缅甸，但实际上，元帝国又进行了一场战争，才占领了蒲甘城，在缅甸建立了行省。那罗梯诃波帝在逃跑中被杀，元朝由于地域遥远，很难建立直接的统治，于是开始树立了傀儡君主，通过傀儡来间接统治。关于蒲甘城被占领，马可波罗既写了它的繁华，又写了元朝统治的仁慈：

据说，这个国家从前受一个富有而有权势的君主统治。他在临终前，下令在他的坟旁修建两座棱锥形的塔。一座塔全用一寸厚的金片包裹，所以，除了金色外，其他什么也看不见。另一座塔，用同样厚度的银片包裹。塔尖的圆顶上，悬挂着一些金银制的小铃铛，每当微风吹过，就叮当作响。两座塔各高十步，互相映衬，构成一幅华丽的景象。

君主的陵墓也同样用金属片包裹，半是金的，半是银的。这是君主为礼敬自己的灵魂而准备的，目的在于使自己永垂不朽。

大汗决定夺取这座城市，为此他特地派了一位勇敢的军官负责指挥战斗。军队按照自己的习惯，让几个术士或巫师同行，这种人常常大批集中在朝中。当军队进城时，看见这两座锥形塔装饰得如此富丽堂皇，但因为不知道大汗的意思，所以不敢随意加以处置。等到大汗知道这两座塔是为纪念前王而建立时，便下令不准人侵犯它，也不得使它有丝毫的损伤，因为鞑靼人对于有关死者的任何物品，都是十分尊重的。

可惜的是，元军来得快，去得也快，几年后他们感到力不从心，逐渐撤出了这片美丽的土地。随着军事力量的撤出，他们建立的行省已经形同虚设。

正是由于元朝政府的力不从心，缅甸才没有被纳入中国的版图之内，当元军撤离后，有史以来缅甸独立的最大威胁消失了。

乘虚而入的正是从云南迁来的掸人。这些人本来已经逐渐强大，现在则借助元军撤离的真空期，开始向南进军。掸人在北方的阿瓦尔建立了政权，与此同时，南方的孟人也脱离了缅人和泰国的泰人的控制，建立了勃固王国。这样南北分治的局面维持了两百多年，才由于东吁王朝的崛起而告结束。

此刻，缅人称雄东南亚的时代中断了，取而代之的是泰人、掸人等同源的民族，泰国的崛起就是在这样的背景下发生的。

看完日出，托马斯又找到了几位他的同胞，我们决定找个有啤酒的地方喝酒。缅甸饭店里的啤酒仍然需要得到政府的特许经营，只有有了许可证才能销售。每一个酒瓶上都挂着一个纸条，表明这瓶酒已经缴过税。德国人对于中国的历史和社会很好奇，我用一碟蛋炒饭为他们演示新中国成立以前政局的变迁，用勺子和叉子把米饭分成了三堆，通过三堆米饭分量的变化演示着国民党、共产党和日本鬼子在第二次世界大战时期力量的此消彼长。当谈到日军在东南亚的侵略战争时，我又把这碟米饭变成了亚洲地图，解释日军如何从侵略中国变成了入侵东南亚，特别是缅甸。

我们一直谈到了深夜十二点才回去睡觉。托马斯和我约定第二天继续游览没有逛到的景点，我们希望在路上还能碰见。

谁知第二天，我们都没有按照约定的线路游览。他和一拨人去了波帕山，我则换了一个方向，先去了南部平原。这就是旅行，我们见面后相谈甚欢，一起游览喝酒，却又从不留恋和执着。

南部平原上的佛塔同样壮观，这里的游人不多，偶尔能看到一辆路过的牛车，仿佛回到了古代的蒲甘。这里有着王宫遗址，有着保存不错的壁画，还有现代人建立的高耸的塔状建筑，而实际上那是一家酒店。

到了第三天，我又回到了第一天结束的地方进行游览。当到达他冰瑜寺前面的瑞姑寺时，突然看见托马斯从寺庙里出来了。我们感觉有些尴尬，都没按照约定游览，都以为对方会按照约定游览，但相差一天之后又碰到了一起。

不过，这一天是我们收获最多的一天，最主要的阿难陀寺、他冰瑜寺、达玛扬基寺、苏拉玛尼寺都是这一天游到的。特别是阿难陀寺内那四座巨大的佛像，成为蒲甘和缅甸佛教虔诚的缩影。

到晚上分手时，我们都知道明天不会再遇到，因为我们的游览线路不同了。但即便如此，我们都为路上的相遇感到满意和庆幸。

第五部

暹罗和澜沧，泰人的族系

第十三章

故土中原？

第二次世界大战时，一位叫彼得·威廉斯·亨特的英国陆军少校突然发现，英国空军为了搜集情报，在泰国北部的呵叻高原上拍摄的一批航空照片里有惊人的秘密。

这些照片大都是从高空拍摄的热带密林，在丛林之中常常会出现一些植被形成的暗色同心圆，每个圆圈包围的面积从几十英亩到上百英亩不等，这些奇怪的地貌从地面上根本观察不到，只有在飞机上才能看出端倪。

他开始猜测，这些同心圆不是一般的结构，而是泰国的史前遗迹，在未知的年代，曾经有人在这里建设了村落或者大型工事，随着时间的推移，人们离开了这里，废墟逐渐为丛林所淹没，只是由于人类曾经的扰动，植被已经出现了变化。大自然将人类的痕迹巧妙地保存了下来。

但他的研究没有继续，1949 年，他被派到了马来西亚，并娶了一位当地酋长的女儿。1953 年，他因为一次意外，被倒塌的圆木击中而死去，那些照片在他死前已经寄回了英国，在几十年的时间里，没有人再去理睬。

1982 年，人们再次找到那些照片，并开始认真分析的时候，才知道那是多么伟大的发现。根据那些照片，以及以后的拍摄活动，人们共找到了 91 个遗址，几乎每一个都有着丰富的堤坝、灌溉系统，这些遗址大部分是在公元前后建造的，说明了当时泰国东北部高原上活跃的人类活动。

在亨特少校的发现再次得到重视之前，另一位美国考古系的大三学生也有了重大发现。1966 年，在泰国东北部的丛林里，跟随教授去考察的斯蒂芬·扬被一棵木棉树的树根绊倒了，他趴在地上时，发现眼前的土里露出了一个陶环，那是一个陶器的圆口。

　　他放眼四周，发现周围存在着大量的陶器碎片。就这样，这个叫作班清（Ban Chiang）的村子进入了聚光灯下，它彻底改写了东南亚的历史，将一个未知的文明带到了世人的面前。

　　1967 年开始，考古学家在这个小小的地点进行了发掘，不仅发现了大量的陶器，还找到了青铜器和炼铜的遗址。根据考古发掘，这里的文明出现在 6000 年前，是东南亚最早的青铜器遗址。在此之前，人们普遍认为东南亚的文明只是一个"跟随者"，也就是在印度和中华文明夹缝中的小角落，但班清的发现证明，东南亚人类文明的历史可能并不比中华和印度晚多少。班清文明和越南的和平文化就代表了东南亚文明发展的巅峰。

　　考古学家的发现也引来了大量的文物贩子，当地的居民纷纷到这里来挖宝，班清成为泰国最有名的文物倒卖区。泰国政府意识到它的价值，开始对遗址进行保护，并建立了专门的博物馆。1992 年，班清被联合国教科文组织列入文化遗产名录，并得到了泰国政府的大力支持。

　　泰国便利的交通在附近的国家中首屈一指，在去往班清之前，我游览了清莱府的建筑和寺庙，搭了班夜车前往泰国东北部的枢纽孔敬，第二天清晨，再从孔敬坐车前往乌东塔尼。班清距离乌东塔尼还有 50 公里，需要搭另一辆车在中途下车，再走几公里路程。

　　这里距离泰国与老挝的边境不远，居民已经与老挝属于同一种族。从历史上来看，泰国和老挝的主要种族都是泰族人，所使用的语言也大同小异。但随着时光的流逝，两个国家的人民在习俗和语言上出现了一定的差异，到最后，老挝政府将自己的人民称为老族人，在使用文字字母系统时也故意采取和泰国不一样的字母，加大了两者的差异性。但由于两国之间千丝万缕的联系，这个新的民族大部分人口都住在泰国境内。于是，泰国东北部的许多居民与老挝人似乎更近一些。

　　这里的土地相对于泰国的低地更干燥，气候也更加凉爽，在南方水田里插满了绿油油秧苗的时候，这里的土地仍然是遍地茅草。水牛在懒洋洋地吃草，孩子们在水池里玩耍，一派安静的田园景象。在一座寺庙里，几位老婆婆坐在地上割着竹篾，准备编织农具。几座烧制陶器的作坊分布在路边。班清所代表的文明以红色的陶器著称，陶器上分布着褐色的精美条纹，其特殊的形状令人们过目不忘。

如今的班清村庄由于遗址的出现，已经发展成了一个小镇的规模。在镇里有一个大顶棚的市场，我在市场里吃饭时，人们好奇地围了上来，大概外国游客都自己带吃的，或者去更加西化的馆子里，很少有人跑到当地的市场里吃饭。

博物馆在小镇的一端，一个小型湖泊的旁边。1972 年，泰国国王普密蓬视察了这里，观看了挖掘现场，并查看了发掘出的大量尸骸和陶器。泰王来访之后，认定这是泰国最重要的考古遗迹之一，从此班清走上了大规模的保护之路。

泰国人对于国王和王室的爱戴超出了一般人的想象。泰国的政治是延续性的，曼谷王朝已经存在了好几百年，人们对于国王的热情仍然不减，在生活和礼仪上都充满了对王室的尊重。

国王来访后，一座博物馆建立了起来，而在博物馆的第一号大厅里展示的就是国王到访的历程。国王站在遗址旁边时，询问了考古学家几个有趣的问题。他对于古代的班清人是否就是泰国人的始祖感到好奇，这个问题显然关系到泰族人的骄傲。

虽然考古学家对国王充满了尊敬，但他们仍然实事求是地回答了国王的提问。一位在场的官员回答：5000 年到 7000 年前的班清人的确在这里住了很长时间，这段时间的代表文物是彩陶、青铜器，甚至少量的铁器，证明了这个文化的发展水平。

16 世纪到 18 世纪，另一个种群的人来到了这里，他们留下了五个水池，这些水池至今仍然在使用。

但是，在那之后，就没有人类生存的迹象了。直到距今 200 年前，这里才再次出现了人类。新的人种是从老挝境内的川圹王国迁徙来的，也就是现代班清人的祖先。

实事求是的回答并没有让国王失望，之后，王室的成员们一直关注着这个遗址的发展。泰国不是一个排外的国家，政府一直采取宽容和兼容并蓄的态度来对待一切事物。比如班清的发掘就是国际合作的典范，泰国和西方的考古学家合作发掘，斯蒂芬·扬的画像在展馆内摆在了醒目的位置，挖出的文物也可以送往西方去检验，之后再送回泰国。

博物馆里还复制了当年的挖掘现场，考古学家们放置挖掘品的书架、修复文物的工具也都保留了下来，大量的陶器、青铜器，以及一只铁的矛头在馆内展出。在一个人头骨上，一个外科手术钻的小圆洞证明了当时的医疗技术。

在距离博物馆几百米外的婆西奈寺（Wat Pho Si Nai），另一个考古现场被保留了下来，那儿曾经是班清人的一个墓地，挖掘出了大量的陶器和人体骨骸。整个葬坑内有几十具遗体和几百个陶器，每一个去往现场的人都会对如此高密度的骨骸和器皿感到震惊，惊叹于这个文明的发达程度。

在整个泰国的东部，除了班清之外，还有多处遗址被发掘出来，这都证明泰国东北部区域是一个文明的中心。

但这个文明最终仍然逃脱不了消亡的命运。也许没有人知道它是如何消亡的，在任何文字记载中，我们都找不到它的痕迹。

在有文字记载的历史上，泰国现在的国土最早是高棉人和孟人的领地，高棉人的核心区域在如今的柬埔寨，泰国东部也有着发达的高棉遗址。两国的历史也往往纠缠不清，在历史上，就连吴哥的中心暹粒也被泰国占领过，到现在，在泰柬边境的柏威夏寺，两国仍然都声称拥有主权。

在泰国的西部，则出现过孟人活动的痕迹，孟人的中心主要在缅甸的南部，而泰国的西部也处于孟人的区域之内。

泰国最古老的城市据说是佛统，这座城市最初由孟人建立，它的中心如今矗立着一座巨大的佛塔，成为附近人们的朝圣地。孟人不仅带来了城市文明，还带来了宗教，泰族人后来接受的小乘佛教就受到了孟人的影响。

相对于孟人和高棉人来说，如今泰国的主体民族泰族人是一个晚到的外来户，在1000年前才出现在如今泰国的北部，至于在泰国境内建立政权，大概要到公元13世纪了。从血缘上说，泰人和中国的傣族人是同源的。

关于泰人的来历，至今仍然存在着很大的争议，人们普遍认为，泰人居住的地方曾经在中国境内的云南，后来，由于中原文化向南渗透，将他们赶往了东南亚。

后来，则产生了另一种传说，认为云南也不是泰人的发源地，他们的故土在更加遥远的北方。有的史学家将泰人祖先追溯到了北亚的大草原，认为泰人的祖先最初居住在新疆最北方的阿尔泰地区，并逐渐南迁到黄河流域，在公元前 5000 年左右进入长江流域。随着中国中原文明的兴起，汉人将泰人逐渐向南压迫，使他们到达了云南南部的普洱一带，建立了泰人的国家。也是在这时，佛教经过丛林之路，第一次被介绍到了泰人的王国，他们在漫长的时间里受到孟人、高棉人的宗教影响，并最终确立了佛教的国教地位。

这个传说在泰国丹隆亲王时期得到了强化，因为亲王本人也认同这样的观点。

传说三国时期，泰族人已经在云南南部定居，这个民族产生了一个大名鼎鼎的英雄——孟获。他曾经激烈地抵抗了蜀国丞相诸葛亮的镇压，在七擒七纵之后才肯效忠。

在隋唐时期，泰人建立了一个强大的国家南诏。

关于南诏的民族属性，中国史学家并不认为它是泰人建立的，他们认为建立南诏和后来大理国的，是另一个民族——白族。关于现代白族和泰族是否同源，又有着无数的争论，我们可能永远不知道历史的真相是什么了。

不管怎样，由于云南各种少数民族部落交织，许多民族可能同源，也有大的民族可能是一种多部落的聚合体，这一点和北方草原也很像。而南诏这个地处云南边境的国家，在所有的部落民族中已经是一个一流的大国，泰人将南诏作为民族新的起点并不让人感到奇怪。

根据传说，泰人的国王坤博隆（有人相信他就是南诏的国王皮罗阁）在越南北部建立了一座叫芒滕的城市，这座城市后来有了一个更加响亮的名字——奠边府，越南的胡志明在此打败了法国人，将法国人赶出了印度支那。

以芒滕为基地，坤博隆派遣他的七个儿子四处扩张，建立了七个国家，分别是琅勃拉邦（现老挝琅勃拉邦）、太和（云南大理的南诏王国）、楚拉尼（东京，即越南北部）、景线（泰国清盛）、罗斛（泰国华富里）、甘蒙、川圹（现老挝川圹），泰人的势力遍布东南亚。

但实际上，在刚开始的时候，泰人的扩张不可能达到迅速铺开的效果。他们必定处处受到制约：在北方有着汉人帝国；在东方面临着越南人的竞争；在西面，缅人的王国虽然衰落，却还有很强的势力与其对抗；在南面，是正处于强盛期的吴哥帝国。

当周围的大国们都还留恋着历史舞台的时候，泰人的部落甚至还处于前城市文明时期，只能静静地蜷缩在老挝、泰国北部的山区里等待着时机。而这所谓的七个国家，或许只是七个小部落而已。

另外，七个国家中，南诏王国是否真的是泰人建立，是有疑问的，这里我们不再讨论；越南北部和泰国华富里（Lopburi）是否已经在泰人的控制范围之内，也值得商榷；但是有两个国家却可能是事实，它们是琅勃拉邦和景线王国，前者逐渐演变成现在的老挝，后者衍生出了现在的泰国。

第十四章

泰人王国的兴衰

从泰国北部的中心清迈（Chiang Mai）坐四个小时的汽车，就到了北部的另一个重镇清莱（Chiang Rai），跳下汽车后在同一个车站乘坐汽车，一个半小时后就可以到达一个叫清盛（Chiang Saen）的边境小城。

这座小城坐落在湄公河边，河的对岸就是老挝的群山。这里距离缅甸的边境只有几十公里，距离中国的边境只有一百多公里。中国人熟悉的金三角地带就在清盛的西边，或者说，清盛处于金三角的边上。

小城不大，与大城市清迈和清莱相比显得寒酸和狭小，但这座城市对于泰族人却有着特殊的意义：它在历史上被称为景线，而景线王国是泰人在泰国境内建立的第一个国家。

准确地说，这个王国最初只是一个边缘性的地方，它刚刚离开了云南境内的居住地，国土处于泰国的最北端，还有很大一部分是在老挝境内。

到达景线时已经是夜间，我坐在湄公河边吃了晚饭，寻找住处时，却发现几家旅馆都已经满员了。在一位好心老板娘的指点下，我找到了一个标有"家庭旅馆，每人 100 泰铢"标记的小院子，院子里有一个独栋的小别墅，别墅里灯火通明，却一个人都没有，也不知老板在哪儿。别墅的每一个房间里都放了一张小床，我找了一间睡了一夜。第二天清晨，老板还是没有出现，我只好把行李先放在这儿，游览景线城去了。等游览回来后，房间已经打扫过，灯也关上了，却仍然没有人收钱。我试着去了旁边的院子，终于找到一个躺在床上睡眼惺忪的伙计，把钱给了他。这样做生意我的确是第一次遇到。

如今的景线城可以说是一座废墟的城市，在泰国的城市中，保留了完整城墙系统的并不多见，就连清迈这样的历史文化中心，城墙也只保留了几小段，大部分都已经被夷平了。但景线的城墙却保留得相当完整，北、西、南三面的城墙都还在，东面由于临河，也许从来没有城墙，也许由于河流改道，已经被冲走了。这里的城墙与其他地方见过的都不相同，还能看出它是砖结构的，但在城墙上又长满了树木，走在城墙顶端，看着那一棵棵的古树，就像看到了历史的痕迹。

城墙之外是长满了青草的护城河，当地人为了抄近路，在护城河上搭了几个简陋的木板桥。在城墙的四角还有几个小的堡垒。城门处往往是双重门（瓮城结构），这样的结构虽然坍塌了不少，却仍然能够看出结构和防御工事。

景线城寺庙最多，在整个古城里，星星点点地布满了残缺的寺庙建筑，有的只剩下了一座佛塔，有的还保存着寺庙的墙基。由于泰国人的虔诚，曾经对有的佛像进行过重修，于是，有的寺庙后端只剩下了一座佛塔，而在前端，则是一座高高矗立的佛像。佛像所在的经堂已经不在了，留下露天的佛像与后面的佛塔孤零零地竖立着，坚持把景线城曾经的辉煌展现在人们的面前。还有的寺庙就连佛像也只剩下了一半，更给人一种沧桑的无奈感。

保存最完好的寺塔，也是景线最高大的寺塔叫作銮塔（Chedi Luang），这座佛塔建于 1291 年。如今的銮塔长满了青苔，在它的前方，寺庙已经坍塌，当地人用铁柱搭了一个巨大的棚子权当寺庙，里面供奉着佛陀的金身。

根据传说，景线这个国家是从高棉人（吴哥人）手中得来的，泰人的首领是从一对老夫妇手中购买了一块土地，建立了一座村庄，之后通过南征北战，建立了后来的景线城，并形成了一个小小的王国。

根据考古发现，在景线城的周围，还有一系列的遗迹，有的在老挝境内，有的在湄公河的上游，有的更靠下一些，它们或许是景线的卫星城，又或许说明景线王国曾经多次变迁。

在建立之初，这个王国随时处在南方高棉人和西方缅族人的压力之下，在他们的南面，还有一些本地隶属于高棉的小王国。泰人战战兢兢，时时都有亡国的危险。

1080 年，高棉人终于抓住机会攻陷了景线城，抓住了国王，将他流放到了一个偏远的小村庄里。在村子里，国王生下了两位王子。

两位王子在流亡中长大，但 19 年后，他们成功地回到了景线，赶走了高棉人，这个孱弱的小国家复国了。两位王子似乎还带着一点幽默感，复国后，他们为了纪念自己的胜利，将景线改成了庸那迦差也武里，意思是胜利之城。

但不幸的是，两位王子瓜分了王国，一位占据了景线，另一位则迁往东南方的芳城。这时，西面的缅人又开始入侵了，缅人经过了七个月的围攻，占领并烧毁了芳城，迫使芳城的泰人向南方逃窜。

根据传说，这股逃窜的泰人又分成了两支，一支在一个叫素可泰的地方建立了一个小王国，另一支则与当地的王侯融合，并取得了领导权，建立了阿瑜陀耶（大城）王国。经过了几百年，素可泰和阿瑜陀耶又超过了景线王国，成为泰人最重要的祖先。

1288 年，景线城建立了完善的城墙系统，也就是如今我们见到的城墙遗址。城墙是为了防止外来的入侵，使城内的人更有安全感。但事实正好相反，随着景线王国的泰人经受不住入侵的压力，他们不得不南迁到了清莱，并再次迁往清迈，改称兰纳泰王国。

于是，泰国北方的中心也从景线变成了清迈，直到今天，清迈仍然是其北方最重要的城市。不过，随着这次迁移，泰人离中国的云南境内已经越来越远了，如果说之前的王国还有着云南故地的根，那么以后他们就有了单独的文化，成为泰国（暹罗）文明的组成部分。

兰纳泰时期最后一次经历从中国来的威胁，是蒙古人建立的元朝。当时的元朝人将兰纳泰王国称为八百媳妇国，据说是因为泰人的一位国王有八百个媳妇，每一个媳妇为他镇守一处要塞。

当元军进军越南的时候，有一部分兵力是从云南沿红河进入河内平原的，在行军途中，他们第一次听说了这个奇特的八百媳妇国，其政治中心在清迈（景迈）。当远征越南失败后，元军开始打泰国的主意。

元朝的大军从云南出发，从如今老挝缅甸交界处进入泰国境内，却无功而返。这次劳民伤财的远征使得元朝在西南地区的统治陷入了动荡。这次远征的失败也意味着泰人不再受制于中国。

当景线王国变成兰纳泰王国的时候，泰国历史上最有名的三个王国都出现了，它们分别是兰纳泰、素可泰和阿瑜陀耶，这三个国家虽仍然孱弱，却随着高棉、缅人势力的衰弱，逐渐占据了优势地位，泰国这个属于泰人的国家已经具备雏形。

不过，在刚刚产生时，阿瑜陀耶王国的实力仍然有限，当时除了兰纳泰和素可泰之外，还有一个叫作帕耀的小王国。到后来，兰纳泰吞并了帕耀，与素可泰南北对峙。在经济发展的同时，兰纳泰在艺术上还发展出了一种独特的装饰风格，称为兰纳风格。

与景线城里的寺庙大都残缺不同，在清迈，则有许多漂亮的兰纳风格寺庙。这些寺庙以华美的装饰见长。在清迈寺庙中行走时，最显眼的遗迹也是一座叫銮塔（Chedi Luang）的高塔。这座塔的规模非常惊人，在很远的地方就可以看到这座如同一座小山般的废墟。

銮塔建在一个广场的中央，在高大的平台之上，它的顶部已经没有了，中部也被削掉了一半，看上去形状怪异，却更凸显了它的古老。关于这座塔之所以变成废墟，说法也不一样，有人说它毁于一次地震，而有人说，在一次缅甸入侵时，它毁于缅人的炮火。

在銮塔之内是几座镀金的菩萨像，塔外用大象、巨钟和神秘的那伽怪兽装饰着，显得神秘无比。

銮塔之所以著名，除了它本身庞大和残破的体形之外，另一个重要的因素则是环绕着銮塔广场的众多寺庙。这些寺庙都是兰纳风格的典范，寺庙的山墙上用五颜六色的宝石装点着镂空的图案，乌木制成的屋顶如同房子优美的头发披散着垂下来。这是一种洛可可风格之美，又带着泰国北部的特殊风格，与泰国南部的金碧辉煌毫不相同，反而与老挝琅勃拉邦的寺庙风格更为接近。有人说，这样的寺庙如同一只美丽的孔雀，将它最美丽的装饰展开献给世人。

在众多寺庙里，菩萨的造型也都不一样，一尊巨大的涅槃佛显得安详静谧，似乎早已参透了生死，另一个穿红衣的胖菩萨那肥硕的体形如同一个巨人的酒桶，胖菩萨还拍着自己的肚皮，仿佛刚刚吃饱饭。

在另一处城市广场上，三位国王的雕塑伫立着。这三位国王分别来自清迈、素可泰和帕耀，仿佛正在商讨着如何建立清迈城。国王雕塑不远处有一座小型的佛塔遗址，佛塔遗址旁边有一座小型的寺庙，也是乌木所建，显得小巧玲珑又古色古香。

在清迈城的西部，另一座著名的寺庙在等待着游客——狮子佛寺（Wat Phra Singh），这里拥有兰纳最美丽的佛像和最美丽的寺庙。一座小小的寺庙建在高台之上，从下面望上去，寺庙和背后的白云融为一体，显得空灵而又神圣。

在古城的周边，还保留着后人重修的护城河，河岸都已经用砖砌过，并不宽阔，大部分的城墙都已经平了，只有很少一部分保留了下来。但由于护城河的存在，古城的形状还是保留了下来，整个古城如同一个巨大的正方形嵌在泰国北部的大地上。

迁到了清迈的兰纳泰王国，之后的走势却并不明朗，它突然陷入长期的衰败之中，与南方的邻居比起来显得毫不起眼，甚至比不过老挝境内的泰人王国琅勃拉邦。不过，它存在得很长久，直到素可泰衰落之后，它又突然焕发了生机，成为阿瑜陀耶的劲敌。它一直存在到 1556 年，才被缅甸的莽应龙（Bayinnaung）帝国吞并，缅甸人占领泰国北部两个世纪。最终，泰人赶走了缅人，兰纳泰变成了微不足道的地方政权。

当兰纳泰正处于衰微期时，传承泰文化的历史重任落在了素可泰人的身上。

素可泰王国的建立，与反抗高棉人的统治有关。当泰人来到了素可泰，最初只是作为臣民定居下来。然而，随着泰人与当地政权冲突加剧，一位叫邦克郎刀的人振臂一呼，开始了泰人的独立战争，这场小规模战争的结果，就是素可泰的独立。

到了第三任国王拉玛甘亨（Ram Khamhaeng）时期，素可泰已经成长为一个巨大的帝国。它的控制区域从最南端的新加坡，到马来西亚半岛，再到泰国（除了兰纳泰王国占领的清迈），甚至到达了老挝境内，这些地区的土著首领莫不臣服于这个泰人的君王。

在泰国的历史上，有三大帝或者五大帝的说法，不管哪一种说法，拉玛甘亨王都是最早的一位。在三大帝中，还包括了赶走缅甸人复国的阿瑜陀耶国王纳黎萱，以及领导泰国走向宪政和开化的曼谷王朝国王朱拉隆功。五大帝则加入了吞武里王朝唯一一位君主、中国人郑信，他在缅甸人灭亡了阿瑜陀耶之后，建立了新的王朝，延续了泰国的政权，以及朱拉隆功的父亲、也是首先提出要进行西化的国王蒙固。

拉玛甘亨大帝之所以如此受人称道，除他征服了泰国本部之外，还在于他组织了数次远征。在他之前，泰人在缅甸和吴哥的夹缝中只能算一个不受重视、半开化的小民族，可是，到了拉玛甘亨时期，泰人已经做好准备接管统治权了。

1296 年，他率兵攻打了强大的吴哥首都吴哥王城，再把战争一直推进到越南的海岸线上，那儿是曾经强大的占婆国。1313 年，他卷土重来，围困了占婆的首都。他甚至派出舰队远征印度尼西亚，炮轰了爪哇。这个泰人的国王仿佛有着无限的活力，强迫四方服从于它的秩序。

拉玛甘亨还规范了文字，重新塑造了泰国的文化面貌，至今泰国的文字系统仍然得益于他。

在信仰上，这位国王大力推行佛教。国王和宫廷贵人都虔诚地信奉小乘佛教，这种佛教将重新塑造泰国、老挝、柬埔寨的风貌。在这之前，柬埔寨的吴哥王国大多信奉印度教，有的国王信奉大乘佛教，但到现在，这个拥有着印度教伟大古迹的国家已经风行起小乘佛教，这得自泰国的强烈影响。

拉玛甘亨时期泰国的佛教还掺杂了原始的精灵崇拜的成分，在素可泰南面有一座叫考峦山的山峰，上面住着一个叫"山巅之主"的精灵，国王为了保证国家和社稷，每年都要去山上进贡。

在泰国，除了远古时期和吴哥时期的遗迹，最著名的历史景点就要数素可泰的皇家寺庙群了。

这座从拉玛甘亨时期就存在的城市至今保持着众多的寺庙遗址，它虽然没有吴哥和蒲甘的壮观，却无不透露出小乘佛教的优美。如果说吴哥和蒲甘像是顶天立地的男子汉，那么泰国的素可泰和后来的阿瑜陀耶则是阴柔的美人。

我坐着火车从曼谷北上，一路上经过了阿瑜陀耶和华富里，最后到达了一个叫彭世洛（Phitsanulok）的城市。彭世洛曾经是一个素可泰和阿瑜陀耶的附庸小王国，如今则是泰国北中部的交通枢纽，从这里南可下曼谷，北可上清迈，东可达泰国东北部的交通枢纽孔敬，而素可泰则在彭世洛的西面一小时车程之外。

我参观了彭世洛的普拉西寺（Wat Phra Si Ratana Mahathat），这里有一座巨大的佛像，由于佛像过于神圣，寺庙里挤满了从各地来朝圣的人。寺庙的规矩也颇为严格，除了进门必须脱鞋，即使想给佛像照相，也必须先跪下来。

在素可泰车站下车后，距离新城的旅馆区还有一两公里的距离，当地的一位宋苔车司机突然停在了我的身边："你要住旅馆吗？我给你介绍个便宜的地方，免费搭你过去。"

他报的价格很合理，几乎是当地的最低价，于是我上了车。在一个小岔路口他把我放下来，示意我一直向前走。他并没有跟着我过去，也就是说，他免费搭载我并非是为了从旅馆拿提成，这让我感到很惊讶。

开旅馆的看上去是一位东亚女孩，她热情地接待了我，果然是最低价，还有免费的自行车。事后我才知道这位女孩来自日本，她嫁给了当地的一位司机，开了家小旅馆，并有了一个孩子。我始终不知道搭载我的司机是她丈夫本人，还是丈夫的朋友。他们的男孩都很能吃苦，女孩则非常活泼。

我遇到的韩国人也不错，他们总是在不经意间流露出幽默感。在曼谷时，和我住一个宿舍的有一位韩国的建筑师，他第二天就要离开曼谷，提前把旅馆的押金500泰铢要了回来，决定晚上喝酒消费掉，邀请我一起去。我们在街边坐下喝起了畅（Chang）牌啤酒，随着酒瓶的增多，我们说话声音也越来越大，动作开始变形。到后来，我们俩站在大街上拉住每一个路过的游人询问有没有韩国人或者中国人，最后只找到了两位日本姑娘。我们大部分时间都在用英语交流。日本姑娘在香港学习，会一点带广东味的汉语，也会一点韩语，而韩国人对于金庸的小说甚是了解，他用韩语发音说出每一个主角的名字，再让我用汉语说给他听。只有我惭愧地发现，我既不懂日语也不懂韩语。

素可泰遗址在新城的十几公里外，到达素可泰新城的第二天，我搭车去了古城。古城的城墙和护城河痕迹犹存，却显得破烂不堪。所有的寺庙几乎都成了废墟，却仍然是泰国保存最好的遗址群之一。在成片的佛寺遗址中，一尊尊巨大的佛像或坐或站置身于林立的柱子之中，他们仿佛是从上一个劫数中逃脱出来的。

由于旅游经济的发展，泰国政府也专门针对外国游客进行了提价，针对素可泰和阿瑜陀耶这两个最著名的景区，都设置了分区购票政策。比如素可泰的遗址群虽然是连成片的，但被泰国政府硬生生分成了五个区，每个区都要购买 100 泰铢（约 20 元人民币）的门票，另外，还有一种通票，350 泰铢将所有景点囊括在内。由于便宜了 150 泰铢，游客们纷纷选择通票。

后来，为了更进一步让游客多掏钱，泰国政府又取消了通票制，游客们如果要游遍五个区，必须购买五次门票。泰国政府这样做是为了增收，没想到游客们一见没有了通票，几乎全都采取了紧缩政策，只选择景点最多的中区，最多再加上北区，实际花费减少到了只有 100 泰铢到 200 泰铢。门票锐减，游客们的不满意度也增加了。

由于我还要去另一个和素可泰相关的城市甘烹碧（Kamphaeng Phet），在素可泰也只选择了中区进行游览。进了大门向右走，就看到了泰国素可泰时期最著名的国王拉玛甘亨王的雕像，国王头戴泰式高冠，右手拿着一本书，象征着他制定的文字系统，左手做着演讲的姿势，在他的左边托盘里放着一把短剑，象征着他的南征北战。

据说，泰国人按照雕塑佛陀的手法塑造了国王的面容，他仿佛在安详地望着前来参拜的人们。他的名字必将和素可泰共存。

在国王雕像的附近延伸着大面积的遗址群。素可泰遗址最大的特点是佛像，当寺庙都变成废墟之后，由于人们的虔诚保护，甚至重修，佛像总是保存得完整无缺，甚至像新的一样。

在整个遗址区的中心，有一座叫作摩诃陀（Wat Mahathat）的寺庙，这座寺庙连同它的附属建筑群，除了是宗教中心，还是行政中心。寺庙外面有着围墙，围墙外面还有独立的漂着睡莲的护城河系统。据说，摩诃陀寺有近两百座大小佛塔，以及无数的菩萨造像。这些佛塔、围墙和护城河都有着象征意义，象征着泰国乃至宇宙。

　　游人们穿梭在遗址群巨大的菩萨像下，望着已经近千年的古迹仿佛回到了拉玛甘亨王的时代，那时候的一切是金碧辉煌的，一座座贴满了金箔的造像熠熠发光，那座巨大的塔楼也是金色的，反射着太阳光让人不敢直视。拉玛甘亨王和他的家人前来参拜完毕，正顺着护城河散步，孩子们在玩耍，大人们或者在操练，或者去城外那连片的田地中收割着庄稼。在城里一定还有着市场和商店，泰人虽然信奉佛教，但他们一直重视商业。

　　当朋友们问我，泰国人和柬埔寨人都信奉佛教，但他们有什么区别时，我回答：佛教让他们都心地善良，他们唯一的区别是——柬埔寨人由于没有摆脱贫困，没有足够的财力来帮助别人；泰国人已经形成较为发达的商业社会，但人们并不贪婪，对于财富看得并不重要，赚了钱之后总是乐于助人，或者供奉寺庙，或者施舍给穷人。

　　泰国的寺庙系统实际上也肩负着慈善机构的使命，僧人们化了缘，一部分供自己使用，另一部分则通过他们的手交给了最需要的人。

　　当拉玛甘亨于1317年去世的时候，从表面上看，素可泰王国已经到了鼎盛时期，但谁也没想到，当一个国家过于表现出冒进，接下来就是它付出代价的时候。当他的儿子吕泰继承了王位，却发现这是一个千疮百孔的帝国。庞大的军费支出和王室的奢华已经影响到了帝国的财政，他除了收缩，没有别的办法。有一段碑文写出了这个国王的仁慈和宽厚，甚至带上了一丝尊重财产、抑制权力的意味。

　　国王遵守王者的十诫。他以仁慈对待一切臣民。再看到别人有大米时，他并不贪美，在见到别人的财富时，他亦不因此而懊恼……如果他发现有人犯欺诈或者傲慢的罪过，即使有人在国王的食物中放毒，因而使他得病或者死亡，他也总不去杀死或者鞭挞这些罪犯，而是宽恕所有对他自己犯了罪行的人。他之所以抑制自己的感情，克制自己的怒气，在本应大发雷霆的时候也并不发怒，原因在于他希望成佛，并且希望将一切众生度脱轮回的苦海。

吕泰虔诚地信奉佛教，甚至放弃了王位，到佛寺出家，他写了一本书《帕銮三界》，阐述对佛教宇宙论的理解。

内乱也开始困扰这个国家，当吕泰去世后，围绕着王位出现了一系列的篡夺和战争。当胜利者登上王位的时候，却发现另一个泰人的国家——阿瑜陀耶王国已经崛起了。

拉玛甘亨死去不到 100 年，阿瑜陀耶吞并了素可泰。

在素可泰的西南几十公里的地方，还有一个叫作甘烹碧的城市，这里也有一片巨大的遗址区。这里的佛寺建于素可泰时代，当素可泰衰落之后，阿瑜陀耶王国控制了这片区域，并继续修建着佛寺和宫殿。因此，甘烹碧是一个见证了两代王朝起落的地方。

这里至今还耸立着城墙系统，城墙外的护城河里长满了芦苇，城墙边上兵营仍然保留着地基。在城墙以内的寺庙群里，一座巨大的菩萨涅槃像最能吸引人们的目光。佛陀安详地躺在三段圆柱叠成的枕头之上，等待着永寂的来临。根据传说，当释迦佛寂灭之后，未来佛弥勒佛仍然在等待着降临。这种新老交替，或许也适用于泰国的政权。

除了泰国境内一系列的泰人王国更替之外，在老挝境内的泰人王国却表现出极大的稳定性。老挝由于地处山区，人口稀少，比起泰国本部显得更加落寞。

一些法国人谈到老挝人的时候，总是对他们的听天由命和懒散感到吃惊。

老挝人之所以会有这样的性格，缘于它的人口和地理环境。这个国家总人口 500 多万，甚至不及越南的一个零头，比起柬埔寨也少得多。但老挝的国土面积却并不比越南、柬埔寨少多少。这里资源丰富，到处是茂密的森林、河流，使得人们不需要费多大力气就能生存，山区也阻断了外界对老挝的征服，于是这里的人能够过一种安适、乐天的生活。

当泰人最初到达泰国和老挝之后，由于地理环境的不同，老挝的泰人在生活上与泰国的泰人分开了。景线、素可泰、阿瑜陀耶依次强大，并压缩吴哥、对抗缅甸的时候，老挝的琅勃拉邦王国却闲适地建造着它的首都。这个首都也充满了安静的色彩，皇宫之外一片片的寺庙，看不出刀兵的痕迹，也看不出忧国忧民的悲凉。

如今到琅勃拉邦最多的游客群体，除了中国人就是法国人。由于老挝以前是法国的殖民地，法国人对于殖民地往往带有很深的怀旧色彩。在老挝，我碰到了一位法国来的厨师 Nikko。在我们相遇时，我已经接近旅游的尾声，而 Nikko 也已经转完了整个国家，闲下来等航班。为了省钱，我们住在了一个房间。每天的生活就是在吃饭、喝酒，以及望着饭店外面的湄公河。到最后，我们都已经懒到不想离开了。"这才是老挝人的生活情趣。"直到 Nikko 走后，我还在想。

除了琅勃拉邦之外，在琅勃拉邦南方的川圹平原上，还有一个小小的王国叫川圹，一直依附于大王国。

琅勃拉邦在历史上也被称为澜沧王国，中国则称之为南掌。当素可泰王国强盛的时候，老挝的泰人选择了依附于素可泰；当素可泰衰落的时候，澜沧王国乘机崛起，变成了一路豪强。

但这一路豪强并没有称霸的野心。它的政治更多是一种外交手段，在与邻国的关系上也更加复杂、更加多元化。它有时候贴近吴哥人，娶了吴哥的公主；有时候又和阿瑜陀耶联合，而在某段时期，又成了缅甸的属国。越南也经常骚扰边境，甚至把川圹都变成了越南的属国。最后，它还一直作为中国的附属国存在，就这样维持着多重朝贡关系。

通过这样的外交手段，这个王国一直维持着"平衡的摇摆"。

1694 年，澜沧王国分裂成了三个小王国，分别是琅勃拉邦、万象和占巴塞王国，在更多时候，它们是作为暹罗（泰国）的属国存在的。

第十五章

阿瑜陀耶之魂

在泰国阿瑜陀耶的北面，有一座叫华富里的小城。

这座椭圆形的小城仍旧保留着护城河和城墙的痕迹，四面环水，铁道从城中穿过，沟通了小城与曼谷、清迈之间的联系。小城里的猴子几乎和人一样多，在街道上，猴子们就大摇大摆地和人们抢着吃的，甚至走到商店里、坐在门口"拦截"每一个顾客，在树上、电线杆上都能见到大批猴子的身影。

在东边几公里之外，还有一座同名的新城区，但对于旅客来讲，最吸引他们的还是华富里的老城。这里虽然看上去狭小、凌乱，但在古代，却是比曼谷、阿瑜陀耶更古老的首都。

泰国的中部地区最早定居的是孟人，他们在曼谷西方的佛统城建立了政权。在中部出现了一个叫作陀罗钵地（Dvaravati）的孟人国家，存在的时间大约从 6 世纪持续到 11 世纪。取代陀罗钵地的是一个叫作罗斛的国家，罗斛的首都就是小城华富里，信奉的是小乘佛教。

但是，罗斛国独立的时间并不长，当吴哥王朝繁荣时，吴哥王大举进攻泰国的腹地，将罗斛国变成了吴哥的附属国。如果人们要为吴哥王朝繁荣时期划定一个最大疆界，那么最西北端就在如今的华富里。

在华富里，最著名的古迹是三友塔（Prang Sam Yot）。当吴哥势力来到华富里之后，他们摧毁了大部分更早期的佛教建筑，在这里建设了一批印度教的建筑，三友塔就是其中之一。这一组塔是由三个几乎一模一样的印度石塔组成，分别象征了印度教的三大神：梵天、湿婆、毗湿奴。这种塔的形制成为一系列佛塔的典范，从泰国到云南的大理，都分布着无数的三塔。

华富里的印度教建筑多种多样，刚出火车站，就能在对面看到一个巨大的寺院，这座寺院是一座混合模式，既有更早期的印度教塔，也有晚期的佛教塔，甚至还有一座类似于西洋模式的小房子。遗址里还充斥着佛像的残肢断臂，一只手臂、一只脚，或者一个躯干，当地人都虔诚地保留着，没有重新修复。

吴哥控制华富里的时候，在它的北方就是强大的素可泰政权，拉玛甘亨王南征北战，进攻吴哥，削弱了吴哥的统治。但拉玛甘亨之后，素可泰进入衰落期，吕泰王沉迷于佛教，就丧失了与吴哥对抗的能力。

这时，靠近华富里的地方，另一个强大的泰人王朝已经崛起，它就是阿瑜陀耶。

在华富里的南方，景线王朝王室另一支脉的后裔与孟人的一位公主结了婚，并继承了这个叫作乌通的小国的王位。接着开始向四周扩张，将罗斛（即华富里）王国收入囊中。从此之后，华富里再也没有隶属过吴哥，它永远地并入了泰国的历史之中。

乌通王统一了泰国中部后，继续向北部的同族素可泰施压，逼迫对方承认了他的宗主权。然而，就在这时，一次大规模的霍乱突袭了这个新兴的国家，使得他们不得不放弃了原来的故都，来到了湄南河（昭披耶河）中的一个小岛上，建立了新的都城。这个都城被称为阿瑜陀耶（Ayuthaya，或者称为大城），而那位乌通的泰人国王则成为阿瑜陀耶王朝的开国君主拉玛铁菩提一世（Ramathibodi I）。

如今的阿瑜陀耶在华富里南面一个多小时火车行程的地方，距离首都曼谷也是乘火车一个多小时的路程。我到达阿瑜陀耶的时候，恰好是在泰国的第一夜。

那天白天，我从柬埔寨的波贝（Poipet）过境，到了泰国的阿兰雅普拉特（Aranya Prathet），从那儿坐火车前往曼谷，到达曼谷华兰蓬车站的时候，已经是傍晚七点多钟。考虑到作为首都，要在晚间临时寻找住处很不容易，我决定趁热打铁到阿瑜陀耶去住下，等在泰国的其他地方玩熟了，更了解这个国家的时候再回曼谷。

从曼谷到阿瑜陀耶的火车票只要人民币三四块钱，且车辆很多，非常方便。实际上，在后来的旅游当中，泰国的火车始终令人感到舒服愉快。火车的速度并不快，但三等车厢的票价却很便宜，有时候甚至还有免费车票。

阿瑜陀耶的地形与华富里有很大的相似性，古城区都是在一座四面环水的岛上，古人利用天然河道以及开掘的部分人工河道将古城保护了起来。火车站在河道的另一侧，也就是古城之外。出乎意料的是，这里的住宿也很紧张，几家著名的背包客旅馆都住满了。就在我准备回火车站将就一夜的时候，一个人突然告诉我，他的旅馆还有一个空床位，价格也是最低的，于是我找到了住处，位置在古城区内，距离各个著名的寺庙都不远。

由于是曾经的首都，阿瑜陀耶要比华富里的古城大得多，古寺和皇家禁地的规模也远超后者。

最初到达的寺庙叫拉贾布拉纳（Wat Ratchaburana），这座皇家寺庙中间有一座巨大的印度教式佛塔（Prang）。当阿瑜陀耶被缅甸攻陷后，这座寺庙毁损严重，其间充满了被毁掉的佛教造像，特别是造像的头部，又经历了早期游客的盗取，已经几乎全军覆没了。但残留的一切仍然显示出当年的气魄。

这座寺庙建造于 1424 年，中间的塔则埋葬着前国王的骨灰。到了 1957 年，一些盗贼发现了塔的入口，进入塔中找到了一批文物。泰国警方接到报案后找回了其中的一批，这些文物包括了不少皇家用品、珠宝、佛教饰物等。如今，游客还能进入塔中，沿着狭窄的小道到达两个小小的房间，看见那满墙残存的壁画。

从这座大寺的后门出来，就到了整个古迹的核心区域，这里的地面上都铺着碧绿的草皮，复杂的水系环绕着草地，时而见一座小桥，时而过一条小径，点缀其间的则是众多的佛塔。也许是因为地震，也许是年久失修，这里有许多小塔都已经歪斜了，其歪斜的程度许多都超过了比萨斜塔，却依然耸立着。

距离拉贾布拉纳寺一公里左右的地方，就是著名的皇家寺庙群。如果游客带着一泰铢的硬币，就会在硬币的背面发现那著名的三塔。这三塔已经是泰国佛教的塔（Chedi），像个倒扣的唢呐，不再是印度教的像玉米芯一样的塔了。三塔墙外的广场上耸立着一座雕塑，纪念的就是阿瑜陀耶第一任国王拉玛铁菩提一世。

皇家广场外还有一座巨大的寺庙，寺庙中有一尊体积庞大的镏金铜佛，据说，这是泰国全国最大的一座铜佛像，曾经屡遭自然灾害和兵祸，却都安然躲了过来，至今仍然耸立。在历史上，这座佛像旁边的三塔寺内还有另一座站佛，据说也是泰国最大的站佛像，可是，当缅甸人占领了阿瑜陀耶，发现站佛上有数百公斤的黄金装饰，于是决定把整个佛像融化掉，这座泰国的奇迹就消失了。

阿瑜陀耶本身就是一部战争史诗，当这个国家还不够强大时，它最初的敌人是素可泰，当素可泰被征服之后，精力充沛的它在漫长的王朝生涯中，又选择了三个敌人：柬埔寨的吴哥王朝、泰国北方重新崛起的兰纳泰（清迈）王国、缅甸的缅人王朝。此外，它还利用休息的工夫征服了马六甲。

在这三个最重要的敌人中，受到影响最大的是吴哥政权。

吴哥，这个代表着东南亚建筑最高成就的民族，到了公元 14 世纪，早已经年老力衰，当年强大的帝国变成了周边势力觊觎的俎上鱼肉。

拉玛铁菩提定都阿瑜陀耶后，除了制服素可泰，接下来要对付的便是吴哥。公元 1352 年，趁吴哥的王位出现更迭的时机，他派兵进入了吴哥，然而，作为新生势力由于经验不足，他被打败了。但拉玛铁菩提并没有放弃，而是派来了更多的人马，将华丽的吴哥王城围得水泄不通，围城的军队花了整整一年时间，才让这座辉煌的城市最终臣服。吴哥的国王战死沙场，十万人被掳往阿瑜陀耶，不计其数的财宝，包括那装饰城市的猫眼石、珍珠、黄金、各种佛教的珍奇异宝，全都成了胜利者王城的装饰。

胜利者甚至任命自己的儿子来统治柬埔寨，但他低估了抵抗者的力量。在一位吴哥王室成员的带领下，整个柬埔寨发生了反对泰人的暴动，把泰人赶走了。这次战争的结果，是阿瑜陀耶吞并了吴哥的西部（也就是现在泰国的东部），而吴哥的东部地区仍然由高棉人统治着。

但这只是两个国家战争的开始，两国的战争从此进入了持久战，再也没有停止过直到一方彻底衰落。

1393 年，吴哥乘阿瑜陀耶在北方与兰纳泰人作战的时候，妄图收复曾经失去的土地，这导致了阿瑜陀耶的另一次大规模入侵，阿瑜陀耶的军队长驱直入，再次围困了吴哥王城。七个月之后，随着粮草的匮乏，一些动摇的人打开了城门，迎接了入侵者，另一个吴哥的国王被杀。这次被掳走的，除了吴哥王城再次聚积的财富外，还包括象征王权的圣剑和宝器。还有，吴哥的能工巧匠都被带走，去建设阿瑜陀耶雄伟的王城了。

当 1410 年侵略者撤离时，吴哥已经虚弱得只剩下一具空壳，但这还不是结束，在这段时间，东面的占婆人袭击吴哥时，进一步削弱了它的实力。

1431 年，阿瑜陀耶再次入侵，又洗劫了王城，这次他把吴哥的佛教之宝，著名的碧玉佛带走了。虽然仍然没有办法控制整个吴哥，但经过历次的战争，阿瑜陀耶已经把边境线划到了吴哥王城附近，吞并了大量的土地。

到了 1484 年，柬埔寨人终于放弃了已经属于边境的吴哥城，让这个曾经辉煌的城市逐渐被森林吞并。柬埔寨人迁到了南方靠海的地方，在这里，他们建立了一个新的首都——乌通，之后又迁到了乌通东面的金边，也就是现在的首都。

当我走在金边的街道上，遥望北方辉煌的领地，不禁想：人们总是喜欢给历史划界，如果要给柬埔寨划界的话，那么迁都就是一条非常好的界线。在这之前，柬埔寨属于强大辉煌的吴哥，在这之后，它成为一个受尽欺凌的小王国，在阿瑜陀耶和越南两大强权的压迫下苟且偷生。

16 世纪中期，柬埔寨的安赞王曾经试图恢复吴哥的荣光，在吴哥古城的旁边，他打败了阿瑜陀耶的部队，为此，他将这个战场改名为"暹粒"，即"打败了暹罗之地"的意思。暹粒这个地名一直保留到今天，成为柬埔寨旅行者最多的地方，并作为参观吴哥古城的基地。但安赞王的辉煌只不过是回光返照罢了，1595 年，柬埔寨彻底被阿瑜陀耶击败，从此，这个王国成了泰人的附庸，直到法国人的到来。

在与吴哥作战的同时，阿瑜陀耶与兰纳泰王国的冲突也断断续续地发生着，两者之间很少出现长久的和平。这是争取泰人内部霸权的斗争，在斗争中占上风的是阿瑜陀耶，但并非每一次的胜利者都是阿瑜陀耶。

不过，兰纳泰的独立维持到 1556 年，终于被另一个强权中断了，它成了缅甸新诞生的东吁王国的牺牲品，东吁国王莽应龙吞并了这个国家，将它变成了一个附属国。缅甸成了阿瑜陀耶王国最重要的敌人。

关于缅甸东吁王国的历史在下一章还会详谈，这里不妨先去纪念一个泰国的女英雄——素里育泰（Suriyothai），她在缅甸的地位类似于法国的贞德和印度的占西女王，象征着独立自主和抵御外辱。

从阿瑜陀耶城的核心宫殿区继续向西，在大约一两公里之外，有一座金色的素里育泰塔。这是一座带棱角的泰式塔，与其他已经成为废墟的塔不同，它看上去像新的一样闪闪发亮。泰国人可以让古代的皇宫成为遗址，却无法容忍自己的女英雄受到冷落，于是这座纪念塔总是被及时地修缮一新。

在塔旁边的亭子里立着素里育泰丈夫摩诃查克拉帕特国王的全身像，国王的身后，则是这位女英雄的戎装画像。画像中的素里育泰显得随和却又无畏，对这个属于她的王国满怀深情。

素里育泰的事迹不仅在泰国家喻户晓，还被泰国人拍成了电影，这部叫作《素里育泰传奇》的电影有着恢宏的战争场面，也有着复杂的爱情故事，成为泰国历史电影的代表作之一。

在影片中，年轻的素里育泰是阿瑜陀耶王国的皇室郡主，她和表哥匹仁深深地陷入了爱河。匹仁属于泰人的另一个家族，该家族的势力主要在素可泰地区。当时素可泰已经臣服于阿瑜陀耶，这个地区由臣属于阿瑜陀耶的诸侯管理，诸侯的驻扎地在一个叫作彭世洛的城市，距离素可泰老城只有几十公里。

一次，在素里育泰外出观赏大象节时，阿瑜陀耶副王的儿子天亲王看上素里育泰，并提了亲。为了国家的安宁，素里育泰虽然更喜欢匹仁，却义无反顾地嫁给了天亲王，婚后过着美满的生活。

当阿瑜陀耶的国王拉玛铁菩提二世去世后，天亲王的父亲当上了新的国王。但这个年老的新国王却好色，与他的王后生了个男孩，将年幼的男孩立为太子。

1533年，一艘葡萄牙商船将天花传到了泰国。当泰人们纷纷被这种新的疾病夺去性命时，老国王也没有幸免，在临死前，他把儿子天亲王和侄子蔡赖甲叫来，让他们发誓效忠于年幼的太子。

天亲王性格懦弱，毫无野心，毫不犹豫地答应了父亲，但野心勃勃的蔡赖甲并不心甘情愿。

与此同时，在阿瑜陀耶的西方，强大的缅甸东吁王国正在形成，东吁的第一位重要君主莽瑞体已经登上了王座，并对阿瑜陀耶的外围发起了进攻。当阿瑜陀耶最需要一个强干的国王时，它的统治者却还没有成年，被一群权臣围绕着。蔡赖甲终于按捺不住野心，在众人的呼唤下篡夺了王位，杀死了侄子。

十几年后，当上了国王的蔡赖甲死于宫廷斗争，被他的王后杀死。王后一不做二不休，不仅找了个宠臣当国王，还想赶尽杀绝，将原来王室的亲戚都杀掉。天亲王被迫进入了佛寺，当了和尚。在这样的情况下，反抗的重担落到了天亲王妃素里育泰的头上。

素里育泰找到了当年的恋人、她的表兄匹仁。此刻，表兄已经成为叱咤一方的将领，在他的帮助下，素里育泰杀死了篡位的国王和王后，将她的丈夫从寺庙中请出来，当上了新的国王，他就是著名的摩诃查克拉帕特国王。在阿瑜陀耶的支持下，她的表兄匹仁也顺利地当上了彭世洛的诸侯，并娶了素里育泰的女儿当王妃，他的称号是摩诃昙摩罗伽。

到这时，看起来这是一部喜剧，然而，当阿瑜陀耶和素可泰（彭世洛）各归其位的时候，缅甸人再次开始了进攻。莽瑞体的部队再次攻到阿瑜陀耶城下，国王决定亲自去探查阵地，他的王后素里育泰也陪同前往。在路上，他们与缅军遭遇，为了掩护国王，素里育泰骑在大象上掩护着丈夫撤退，最终被缅甸人杀害。

经过残酷的战争，莽瑞体与阿瑜陀耶议和。第一次泰缅战争没有分出胜负，却造就了一对几百年的宿敌。在未来，缅甸的强大政权将两次毁灭泰国，泰人又两次崛起于毁灭之后。

我走在阿瑜陀耶的街上，望着不远处的河流和众多的寺庙。这里的寺庙各有特色，有的寺庙中保存着一个硕大的佛头，有的寺庙保存下了壮观的廊柱，但不管寺庙有多少，却总能感到整个城市仿佛是一个有机体，不显得凌乱。这是一座有生命力的城市，我们或许可以找到一种叫作"阿瑜陀耶之魂"的东西。

那么，阿瑜陀耶之魂是什么呢？

我说不出来，它蕴藏在国王拉玛铁菩提的雕像之中，也存在于美人素里育泰的画像之内，它存在于每一座建筑中，甚至每一个走过的行人，不，甚至全泰国的人都有着阿瑜陀耶之魂。

阿瑜陀耶象征着泰王国的出现。在泰人建立的国家中，不管是景线还是素可泰，都只代表了泰人的一部分，那时的泰人虽然是一个族群，却并非一个整体。是阿瑜陀耶将泰国的全境统一起来，并在与吴哥、特别是缅甸对抗的过程中，将整个民族捏成了一体。从此以后，直到今天的泰王国，都是阿瑜陀耶的一个自然延续罢了。

阿瑜陀耶时期，也是整个东南亚的政治格局形成之时。在那时，古老的民族中，占婆正面临着全面的消失，被越南所并吞；吴哥（高棉）正在收缩，受到泰人和越南人的双重挤压；孟人在缅人和泰人的挤压下也几乎不存在了。

可以说，那个时期决定了未来的政治走向：越南、泰人的阿瑜陀耶、缅甸正在崛起；高棉的柬埔寨将持续缩小；泰人的澜沧王国（老挝）是一个特殊情况，但只要有足够的时间，它也会逐渐被吸收进主体国家阿瑜陀耶之中；而老挝的东部或许会被越南并吞。如果不是西方人的到来，这样的格局势必出现；即便西方人来了，除了让柬埔寨和老挝没有被完全并吞之外，越南、泰国、缅甸的格局再也没有变过。

在这个格局之中，阿瑜陀耶居于中心地位，这也决定了整个半岛上，泰国混乱时必定带动其他地区的混乱，泰国稳定时整个半岛就会繁荣。这或许也是阿瑜陀耶之魂的内容之一，当我看到繁荣的泰国时，知道他们干得不错，真不错。

第六部

你方唱罢我登场

第十六章

两个最伟大的国王相遇了

从缅甸曾经的首都仰光出发,只需要 1 美元的车费就可以坐火车北上到达一个叫作勃固(Bago)的城市。这是我第一次在缅甸坐火车,之后,我还会从缅甸坐车到东吁(Taungoo)、内比都(Nei Phi Daw)和曼德勒(Mandalay),充分体验了缅甸火车。

缅甸火车非常"轻盈",在世界上难有其他地方的火车会跳跃着前进。当人们睡在火车的长凳上时,火车轻快地一跳,就可以把人颠到地上。当我去曼德勒时,由于脚上被蚊子咬的地方化了脓,还发着烧,坐在这样的火车上快被颠散架了,之后就放弃了火车,改乘汽车旅行了。

另外,由于缅甸刚刚开放,在火车站还能体会到作为外国人的特殊感。在这里,买票必须使用美元。在开放前,由于缅甸缺乏外汇,而官方又规定了较低的兑换率,使得外国人不愿意使用美元。比如,在黑市上 1 美元可以兑换 1000 查特,而官方汇率却是 1 美元只有 400 查特,于是外国人都不在官方银行兑换,而是跑到黑市把美元换成查特花。这样,缅甸政府不得不强行规定任何外国人乘坐火车只能使用美元,不准像当地人一样使用查特。

可是,到 2011 年缅甸政治改革之后,也出台了外汇改革,缅甸政府把官方和黑市汇率打通了,在我过去的时候,官方汇率是 1∶850 左右,黑市汇率甚至比官方的还不划算。所以外国人现在已经习惯了到官方银行去兑换货币,那曾经庞大的黑市瞬间衰落并接近消失了。

汇率改革完成了,强迫外国人用美元购票已经没有了必要。只是铁路系统的改革还没有跟上,仍然规定外国人必须使用美元。而由于查特相对于美元已经升值,甚至使用美元买票比使用当地货币还要划算。

更有趣的是，有的火车站由于很少有外国人到来，甚至连美元票价都没有标。比如，在内比都旁边的品米纳（Phynmana），我想购票去曼德勒，整个火车站上竟然没有一个人知道美元标价是多少，他们不得不临时打电话去请示，一个多小时后才把票卖给我。

在缅甸坐火车的外国人还能享受全程的陪伴，也就是说，在购票之后，就会有一位火车站的工作人员时时观察着你，一旦火车到来，他要负责把你送上车，找到座位，移交给火车上的列车员，方才离去。列车员则负责你的旅程，到地方后喊你下车，移交给站上的工作人员。虽然现在已经没有如此严格，但是程序还在，这或许也是军事独裁时期遗留下的规则之一。

我之所以去勃固，是因为这里曾经有一座叫作汉萨瓦底（Hanthawady）的古城。这座古城和缅甸历史上第二个伟大的王朝相联系，并产生了一位伟大的国王莽应龙。

根据史书《琉璃宫史》的记载，在勃固曾经存在着一个孟人的国家，名称也叫勃固，它时而被吸收进缅人政权，时而又宣布独立。

当蒲甘王朝崩溃后，掸族的阿瓦尔、孟族的勃固和若开族的阿拉干形成三足鼎立之势，断断续续争斗了两百年。它们被一个叫作东吁的缅人小国统一。16 世纪中叶，东吁国王莽应龙在勃固建造了一座庞大的城市汉萨瓦底，这座城市共有 20 座城门，气势恢宏，超过了后来的曼德勒。

莽应龙时期，缅甸刚刚打败了不可一世的阿瑜陀耶，按照缅甸的传统，这时已经满足了建造新都的七个条件：英明而勇敢的国王，多谋善断的大臣，友善的邻国君主，装满十宝和七谷的仓廪，坚固的城墙、门楼、河濠、沟堑、平台与通道，富强的国家，强大的军队。

《琉璃宫史》为我们详细记载了建造皇家佛像需要多少钱财，在汉萨瓦底京城的建设过程中，免不了上座部尊崇的四大佛像。其中：

拘楼孙佛像连同宝座一起共用白银 15 缅斤 76 缅钱，制作佛冠共用金 1 缅斤又

19.25 缅钱，并用了王佩戴的绿玉指环一枚、蓝宝石指环一枚、御用槟榔杯上所嵌3000 颗红宝石，该佛冠共用黄金 64 缅钱，有 63 颗红宝石镶嵌在佛冠之上。

铸造拘那含佛像时，连同宝座一起共用白银 15 缅斤 76 缅钱，佛冠用金 1 缅斤又 92.75 缅钱，佛冠上的宝石是用缅王佩戴的蓝宝石指环一枚、御用槟榔盒上的268 颗红宝石镶嵌，该佛冠共用黄金 62.5 缅钱，还镶嵌了缅王佩戴的一枚红宝石指环及 2678 颗宝石。

铸造迦叶佛像时，连同宝座一起共用白银 15 缅斤 76 缅钱，佛冠用金 1 缅斤又98 缅钱，佛冠上的宝石是用缅王佩戴的猫眼石指环一枚、御用槟榔盒上所嵌宝石共 3911 颗，佛冠共用黄金 62.5 缅钱，佛冠上共镶嵌了红宝石 1210 颗。

铸造乔达摩佛像时，连同宝座一起共用白银 17 缅斤 77 缅钱，佛冠用金 1 缅斤又 37 缅钱，用缅王佩戴的红宝石指环一枚、御用槟榔杯上所嵌的 2994 颗红宝石镶嵌佛冠，该佛冠共用黄金 64.25 缅钱，并用了红宝石指环一枚及 1430 颗红宝石。

至于都城建成之后的赏赐更是不计其数，大大小小的官员们都成了受益者。比如，最高级别的官员收到的礼品是：

镶绒官帽、绒上饰一缅两之纯金花，四面额带，护肩甲，护手甲，九道绶带，带绒罩的金壶，金水罐，金盆，金盘，红宝石手杖，红宝石花篮，脚大拇指套，手大拇指套，靠枕，洗手盆，带三层榕叶状挂饰的金杆金把红伞，抬轿 7 顶，鼓 7 只，唢呐 3 把，喇叭 3 口，五间连房（饰有五道房椽、阳台、飞檐式红边屋顶、有高台门廊加绿缎蒙顶），以及理事府。

收到这样礼品的官员共有 16 位。其余的官员也都得到了丰厚的赏赐，甚至穷人也有。一时间，汉萨瓦底成为当时整个缅甸，乃至整个世界最为繁华的都市之一。

《琉璃宫史》为此感慨道：

当时，汉萨瓦底城因富丽豪华的皇宫殿堂与都城显得分外壮观，简直可以与阿育王所在之华氏城相媲美。城内象、马、人声喧哗，加之鼓、钹、法螺的乐声，宛如浩瀚的大海中的波涛声一般，不绝于耳。那时节，因汉萨瓦底京城中人口过多、钱币短缺，一箩稻谷竟卖到纯铜 5 缅斤之价。

我去勃固的目的，就是为了看看这座都城的废墟。据说，这座都城所剩不多，大部分都埋在了地下，只剩下了少量的墙基。

可是，实际上我并没有看见它。到勃固后不久，我就被其他景致吸引了：这里有一座超大的卧佛像。

如果说，泰国的佛像都显得非常精致和漂亮，那么缅甸的佛像则是以雄伟和庞大著称。在勃固的西部，有一座叫瑞塔拉杨（Shwethalyaung）的寺庙，这座寺庙就像小山那么大，寺庙的大堂里躺着那座著名的佛像。

实际上，还没有走到瑞塔拉杨，就可以见到另一座露天的巨佛。这座佛像有几层楼高，几十米长，安详地卧在一个水池旁边，人们来到它的面前只能仰望，会不由得生出敬畏之情。

这实际上是现代人仿造的瑞塔拉杨大佛，两座佛像大小相当，只是真实的瑞塔拉杨大佛在室内，而这一座在室外。

瑞塔拉杨寺距离室外大佛并不远，古老的寺瓦和高高的尖顶都带着显著的缅甸色彩。在外面看去，寺庙由于占地太大，并不显得很高，只有走进内部，看到那只巨大的手，才能意识到它的规模。

在泰国时，一位僧人告诉我，他很羡慕缅甸人，因为他感到缅甸人更加虔诚，修的寺庙更漂亮，塔更雄伟。在这里，我果然体会到了他说的话。

但从寺庙出来，我却又体会到了另一种无奈。勃固虽然曾经是莽应龙的首都，在历史上有着赫赫盛名，可如今的勃固却是另一番景象。

在瑞塔拉杨外，顺着一条小路就可以到达一个小小的村庄。这个村庄几乎所有的房屋都是用竹篱搭建的，有钱的人就在竹墙上搭一个木顶，没钱的就用茅草覆盖。在这里，人们过着最原始的生活，可是，就在村外十几米远的地方，当地人却正在修一座金色的佛塔。那座佛塔的辉煌和村庄的原始形成了鲜明的对比，仿佛天堂之下就是贫民窟。在这时我才体会到那位在仰光的韩国人朋友告诉我的：只有你出了仰光，到了下面的小城市和小村子，才知道当地有多贫穷。

这样，我被另外的景象吸引着，去观察缅甸的社会去了，却与莽应龙的汉萨瓦底擦肩而过。

直到离开勃固后，我才又想起来那曾经伟大的国王，并相信一个有着丰厚历史的国度不会永远沉沦，而会再次崛起。实际上，缅甸第二帝国在莽应龙之前，也经历过多年的升沉。

缅人建立的蒲甘王朝灭亡之后，当掸族、孟族和若开族活跃在舞台上的时候，缅人却生活在夹缝里。随着元帝国军队的进攻，缅人纷纷南下，来到锡唐河边建立了一座名叫东吁（山嘴）的小村庄。这里土地贫瘠、资源匮乏。

第二帝国就是在这个小村庄发展起来的，在莽应龙将首都移往勃固之前，东吁就是他们的首都，因此第二帝国也叫东吁王朝。

当时，东吁王国为了自保，还尊奉北方的阿瓦王国为上邦，保持着臣属关系。而那时，南方的勃固还是一个独立的孟人国家，并不隶属于东吁。但由于没有外部的敌人，东吁逐渐通过开荒改善了生存条件，王族开始建造佛寺，发展文化。

1486年，一个叫作明吉瑜的人登上了王位，娶了阿瓦国王的公主，并得到了一块丰腴的土地皎克西做嫁妆。东吁的实力已经越来越强，它拥有一支士气极盛的军队，与北方的阿瓦和南方的勃固形成了鲜明对比。

在南方，勃固的孟人王国虽然更加富裕，贸易更加繁荣，但勃固缺乏良好的军事体系，无法保证它的经济成就。这就很像中国宋朝时和辽、金、蒙的关系，宋占据了最富庶的地区，在中国历史上，经济成就已臻巅峰，但宋代的军事力量一直很薄弱，北方经济落后、武力更强的少数民族一直是它的心腹之患。至于阿拉干，由于有巨大的若开山脉隔离开缅甸其他部分，只能是偏安一隅，北方的阿瓦曾经最为强大但此刻也出现了衰落，将皎克西交给东吁做嫁妆就是一种讨好东吁的表现。

1531年，一位叫作莽瑞体的国王继承了东吁王位，成为这个充满活力的国家最著名的君主之一。此刻，富庶的皎克西在东吁的经济中已经起到了举足轻重的作用，为东吁的军事提供了强大的物质保证。莽瑞体决定要统一全国。

他决定从更加富庶的下缅甸入手，两年后，率兵入侵了勃固的孟人王国。在缅甸，葡萄牙人已经源源不断地从欧洲赶来开始世界性的冒险，他们大多作为各个王朝的雇佣军而存在。勃固城内就有着大量的葡萄牙雇佣军，替勃固王朝镇守着首都，城墙上架着巨大的火炮，给东吁的军队造成了重大损失。

围城持续到 1539 年，莽瑞体才最终征服了这个最富庶的地区；之后，又用了三年才横扫了整个南部，将马都八、卑谬等地一一收入囊中。

接着，泰国的阿瑜陀耶王朝和缅甸发生了冲突，莽瑞体率军围困了泰国的都城阿瑜陀耶。这一仗，泰国王后素里育泰为了救丈夫身死敌阵，成为泰国历史上最有名的王后之一。不过，莽瑞体并没有赢得最终的胜利，阿瑜陀耶城池牢固，加上这个国家正经历一次小的繁荣，莽瑞体不得不班师回朝。

取得了无数疆土的莽瑞体生活腐化、耽于享受，最终死于孟族的叛乱。他的弟弟莽应龙乘机崛起，镇压了叛乱，收复了失地，并一鼓作气降服了阿瓦、阿拉干，统一了全缅甸。在历史上，这是缅甸的第二次统一。

莽应龙时期最著名的事件就是缅人和泰人的激烈战争。在战争中，双方历史上最著名的国王都出现了，在缅甸是莽应龙，而在泰国则是纳黎萱。纳黎萱在泰国三大帝（或五大帝）中排行第二，仅次于素可泰的拉玛甘亨。不管是缅甸还是泰国，都认为这次战争是自己民族国家形成的关键时期，在战争中激发的民族意识直到今天还在鼓舞着两个民族国家。

在两人的时代，王后素里育泰已经战死，她的丈夫和曾经的爱人却并没有退出历史，他们必定还要经受更多的考验。

缅甸国王莽瑞体的死亡让泰人得到了暂时的喘息，但随着更加伟大的莽应龙国王崛起，泰国的苦日子又到来了。

当时，阿瑜陀耶国王还是素里育泰的丈夫摩诃查克拉帕特，老国王仁慈善良，且富有勇气，泰国人恰好抓到了 7 头白象。白象被认为是吉祥的象征，老国王欣喜不已。但这件事传到了莽应龙的耳中，他决定利用此事大做文章，写信给泰国国王，要求进贡两头白象给缅甸。不出所料，泰国以阿瑜陀耶不是属国、没有进贡义务为由拒绝了他的要求。

泰国的拒绝成为莽应龙开战的借口。他迅速集结了九十万大军，向泰国的土地进发。他没有首先进攻阿瑜陀耶，而是选择进攻彭世洛的诸侯摩诃昙摩罗伽（也就是素里育泰的恋人匹仁），包围了彭世洛。由于阿瑜陀耶解救不及时，寡不敌众的摩诃昙摩罗伽最终决定率众投降，成为缅甸的盟友，自号素可泰国王。

彭世洛投降的结果，除了成为缅甸的附属国，还将一位叫作纳黎萱的王子推上了历史舞台。

纳黎萱的父亲是素可泰国王摩诃昙摩罗伽，他的母亲是素里育泰的女儿，也是阿瑜陀耶国王摩诃查克拉帕特的女儿，所以，他不仅是素可泰的太子，还是阿瑜陀耶国王的外孙。莽应龙离开彭世洛前将纳黎萱带走作为人质，却没有想到他收留了一个未来多么强大的对手在身边。

攻克了素可泰之后，莽应龙继续率军向南，围困了阿瑜陀耶。这次，由于敌人准备充分，阿瑜陀耶很难逃过劫数。

然而，恰在此时，莽应龙却因为缅甸的内部争斗，突然间决定议和，他索要了四头白象，撤回了缅甸。

幸运的摩诃查克拉帕特国王逃过了此劫。但从《琉璃宫史》的记载来看，所谓的议和对于阿瑜陀耶的泰人来说却足够屈辱：

白象之主缅王陛下在行宫帐前造了一道围墙，墙上装了个门，在围墙外约 15 肘尺处为阿瑜陀耶王铺设了一张竹篾席，上面再铺一张镶边席，在距其父后 5 肘尺处为其王太子（即泰方王太子）铺设了席位……（命缅方王太子、诸王等）各自按次就座后，方宣阿瑜陀耶王前来在院门外下轿，在亚扎丁坚和山达亚底的监护下到行宫帐前。其太子不许乘大轿，从院外由亚扎德曼和布翁尼亚约达监护步行至行宫帐前。阿瑜陀耶王随身仪仗护卫人员不许到宫前，留在院内行宫帐下的棚子内。在阿瑜陀耶王座周围是缅甸官员们所用仪仗；阿瑜陀耶王在座位上盘膝而坐。一切就绪后才打开行宫大帐正门，缅王端坐于龙榻之上。缅王走下龙榻时，阿瑜陀耶王不需叩拜，要合十而待。

缅王道："像朕这等具备君王五力之王，欲攻取世上任何国度，岂有不胜之理？"阿瑜陀耶王道："陛下真乃洪福威盛之君，卑臣不敢与陛下对立抗衡了。"缅王收下礼物，命上自阿瑜陀耶王下至其王子、驸马、大臣等一一宣誓效忠。

1568 年，莽应龙处理完国内事务，再次率兵进入了泰国，围困了阿瑜陀耶。摩诃查克拉帕特国王在围城战中牺牲，和素里育泰归于同样的命运，他比妻子多活了 20 年。

他的儿子摩欣继位。可惜的是，摩欣王既没有父亲的开明，也没有他的勇气，在莽应龙的压迫下，他先是交出了最能打仗的将军，又错用了早已叛变的奸细，阿瑜陀耶这个王朝的都城陷于缅甸人的铁蹄之下。红色的火焰吞没了城市，摩欣王被带到了缅甸，死在了异国他乡。这个曾经有几十万人口的大都市经过掳掠之后，人口剩下不到十分之一。

莽应龙的大军撤回缅甸时，决定在泰国树立一个傀儡，将阿瑜陀耶的政权交给了素可泰的摩诃昙摩罗伽国王，也就是纳黎萱的父亲。此刻的纳黎萱王子仍然在汉萨瓦底的宫廷里作为人质，勃固就成了两位伟大国王共同的居所。

莽应龙认为自己控制了纳黎萱，又找了个懦弱的傀儡当国王，就控制了泰国。他是部分正确的，只要他不死，泰国人就没有希望，但历史并不总是将他这样的雄主降生于世，更不会只降生到一个国家。

1581 年，当这个缅甸历史上最伟大的君主之一去世时，另一个泰国历史上最伟大的君主之一却已经冉冉升起。

截至目前，泰国拍摄最好的历史电影是《纳黎萱国王传奇》系列，这部电影场景宏大，情节复杂，细节逼真，反映了这个伟大国王的一生。这个系列每集都长达两个半小时，目前已经出了四季，几乎将泰国的美景一网打尽，又将历史的厚重和辉煌表现得淋漓尽致。更重要的是，它并没有把缅甸国王莽应龙妖魔化，而是坦荡地承认了他的伟大。

1571 年，纳黎萱被迫在缅甸待了七年后，他的姐姐嫁给了莽应龙，借这个时机，他回到了泰国。由于他的父亲是缅甸国王指定的傀儡、阿瑜陀耶的国王，纳黎萱也被封为泰国的副王，负责镇守彭世洛。

然而阿瑜陀耶在政治上不得不全面服从缅甸的安排，军事上也无法独立，只能在缅甸允许的范围拥有少量的武装，这些武装是用来帮助缅甸打仗的，以不影响缅甸的安全为限度。

一个特殊的事件帮助了阿瑜陀耶，泰国曾经的对手柬埔寨在这段时间恰好又处于一个小阳春时期，并对泰国发动了进攻。借防范柬埔寨这个借口，阿瑜陀耶重整了首都的防务系统，并且没有受到宗主国的反对。

莽应龙死后，他的儿子莽应里继位。这个狂妄的人缺乏父亲的魄力和手段，却对自己的盟友充满了警惕之心。由于阿瓦国在父亲葬礼时表现不敬，莽应里决定联合所有盟国一同惩罚阿瓦人，阿瑜陀耶也需要派兵支持。纳黎萱代替他的父亲率兵出发，这个年轻人决定尽量拖延行军速度，以观察战争的结果，与此同时，莽应里的宠臣们也开始诽谤纳黎萱的忠诚。

受宠臣左右的莽应里决定秘密进攻纳黎萱的军队，断绝后患。这个消息成为纳黎萱宣布脱离缅甸统治的契机。年轻的王子宣布：泰国再次独立。在攻打缅甸首都未果后，他率兵摆脱了莽应里的追击，退回了泰国境内，还带回了大量当年被莽应龙强迫迁入缅甸的泰人。

双方随即拉开了十年的战争序幕。在这十年里，缅甸数次进攻泰国均无功而返，反而让纳黎萱的威望越来越高。纳黎萱在 1590 年他的父亲死后，继承了王位。

双方最后的决战发生在 1592 年 12 月，缅王派遣王太子调集了 25 万大军进攻泰国，纳黎萱率众出击，双方展开了遭遇战。缅甸的王太子和纳黎萱展开了一对一的搏斗，他们骑着大象冲向对方。这不仅是两个人的对决，也是一场决定了泰国和缅甸命运的对决，谁获得胜利，谁就能主导东南亚的历史进程。

结果，缅甸王太子被杀死了。这一战血流成河，两万缅军尸横战场，八百头战象和三千匹战马都成了泰军的战利品。缅甸东吁王朝的辉煌时期结束了，泰国的阿瑜陀耶王朝得到了重生。纳黎萱成为泰国历史上最著名的国王之一。

接下来，泰国阿瑜陀耶王朝进入了它的黄金时期。它占领了马来半岛，攻入下缅甸，让周围的王国都臣服于它。

阿瑜陀耶还是一个富庶的王国，泰人所处的地方恰好位于东西方的交叉口，许多从中国去往印度的货物都要在这里转运，这使得泰国人成为利润丰厚的商人，拥有开放的心态。

这个时期，阿瑜陀耶成为东南亚的经济、贸易、政治中心，不管是中国人、东南亚人、印度人、西方人，都喜欢在这里建立贸易基地。

然而，仿佛唐僧取经需要经过无数的波折一样，前方还有起起落落等待着泰人的王国：缅甸兴起的第三帝国将再次毁灭泰人的国家。

第十七章

大明天子陨落地

曼德勒，对于缅人来说，是一个有着厚重历史的城市。如果说蒲甘就像汉唐时期中国的长安，东吁和勃固就像唐宋时期中国的开封和洛阳，那么曼德勒就像明清时期中国的北京。

曼德勒不仅有缅甸第三帝国时期的古城，还由于缅甸人有迁移首都的传统，在曼德勒周围还有着三处首都遗址，分别是实皆（Sagaing）、因瓦（Inwa）、阿玛拉普拉（Amarapura），它们距离曼德勒市都在一个小时车程以内。

然而，坐火车到达曼德勒时，我正拖着流脓的右脚，发着烧，在火车颠簸的作用下仿佛要散架，对于古城颇感兴趣的我，除了休息，什么都干不成了。

曼德勒的住宿还是全缅甸最贵的。由于政治和经济改革，大量的外国游客涌入，缅甸的旅馆设施都无法满足旅游者的需要，价格出现了飙升，而且根本找不到空房间。当我清晨到达的时候，才发现只要是旅馆都已经住满了人，连下一天的都预订出去了。好不容易在一家简陋的旅馆住下来，房间的要价是 15 美元，老板还暗示这是曼德勒最低价格了，双人间的报价是 30 美元。

等我烧退一些，在曼德勒市内观光的时候，才发现这是一座和中国紧密相连的城市，在超市、小店、市场里，货架上全是来自中国的商品，还经常碰见会说汉语的商人。我吃饭的小摊上，摊主用标准的云南话和我聊天。在街上能找到规模庞大的云南会馆。

这里不像是外国，反而像是云南的瑞丽一带。2006 年，我去瑞丽时，在毗邻缅甸的姐告口岸上转了一圈，那儿和缅甸的贸易主要靠玉石。另外，缅甸将自己的一小片领土划作不需要签证的飞地，这片地方与中国一河之隔，用桥梁相连，这就是专门针对中国人的赌场区。桥头甚至有缅甸的乐队守候着，一旦有中国人过去，就立即敲敲打打表示欢迎。

在曼德勒，我去看了当地的一个小戏班。戏班叫作胡子兄弟（Moustache Brothers），由三位留着胡子的演员组成，分别叫巴巴列（Par Par Lay）、卢茂（Lu Maw）、卢造（Lu Zaw，他的胡子是假的，由中国制造）。胡子兄弟曾经是当地有名的戏班，有自己的乐队和龙套。

莽应龙的首都在勃固，但在莽应龙的儿子莽应里为王的时候，由于军事的失控、敌人的进攻、政治的失控，东吁王国又出现了分崩离析的征兆。到了缅王他隆的时期，为了避免悲剧的发生，国王将首都迁往了缅北地区的阿瓦（即现在曼德勒旁边的因瓦），增加了对内地的控制力。他隆还进行了一系列改革，使得东吁王朝再次强大了起来，形成了一次中兴。

但他隆的迁都也使得缅甸变成了内陆国家，港口和贸易在经济中的比重越来越低，而农业渐渐地成为立国之本，这种趋势一直保持到现代才有所改观。

他隆王之后的国王是平达力，在这个国王时期，中国已经从明朝走向清朝。李自成攻陷北京、灭亡了统一的明王朝之后，又败于清军的铁骑，从此中国山河易主，男人们都留起了辫子。

明王室的后裔们仍然不甘于丧失江山，他们纷纷南下建立了几个流亡朝廷。最后一位皇帝是南明的永历帝朱由榔，这位在广东肇庆继位的皇帝一生都在颠沛流离中度过，随着清廷铁骑的追赶，他从广东逃入了贵州，再进入云南昆明。

我在 2007 年曾经骑自行车从广东出发，经过广西、贵州到云南，大致上重复了永历帝的逃亡线路。这里充满了高山峡谷，喀斯特地形形成的巨大山峰鬼魅般伫立在两侧，当年永历帝也一定历经艰辛无数，才到了中国西南的最边陲。

但没有想到，清军在吴三桂的率领下也赶来了。在世代为明朝镇守西南的黔国公沐天波的建议下，永历帝再次逃亡，于 1659 年从保山、腾冲一带进入了缅甸境内。在两百多年后，这条道路同样被抗日的中国缅甸远征军利用，修筑了曾经赫赫有名的滇缅公路。

中国皇帝突然出现在缅甸的边境，让平达力国王（中国人称之为莽达）感到非常吃惊。缅甸人甚至弄不清楚这个皇帝的来历。根据缅甸史书记载，他们不知道明清改朝换代的意义。他们以为明清两朝是联亲关系，而永历帝是清朝康熙皇帝的叔叔，是因为争家产而反目的。

中国先帝有二子，长子是清廷驸马，在父王死后继位做中国皇帝（当指顺治）。他去世后其弟永历想兄已不在，只有我来称帝了。遂与南军统领安迪文（或为吴三桂）、东军统领恭新文（或为白文选）、阿登罗瑞文等商议后，在南京登基称帝据守。王兄之后、清廷公主（或为孝庄）带着七岁之子（当指康熙帝）与西军统领、北军统领进入清廷京都。清廷之王拨给大军，让七岁之孙在北京称帝，势力极盛。永历帝在南京难以继续住下，遂撤至孟赛。

由于永历帝需要粮草和军费，于是他的将领们开始在缅甸边境收税，这使得他与缅甸政府的关系恶化了。缅王派遣大军将永历帝的部队赶回了云南境内。

然而，清廷的大军尾随在后，永历帝在拼尽全力之后，不得不再次向缅王求助。这次，缅王平达力接纳了逃亡的永历帝，但条件是他的下属必须解除武装。

永历帝被安排在缅甸首都阿瓦附近的草房里，这个曾经充满了神秘感、让缅甸国王们羡慕不已的中国皇帝，突然以手无缚鸡之力的形象出现在阿瓦，让东吁王朝的君臣感到畅快，也有些傲慢。

然而，收留一个皇帝并不是一件容易的事情，当永历已经在缅甸找到庇护所时，在中国境内忠于他的将军们却并不知道这一点，他们以为皇帝被缅甸软禁了。另一方面，清廷大军在背后的压迫也让他们必须找一个新的落脚点。于是，数量庞大的忠于明室的中国军队在救出皇帝的幌子下，如潮水一般涌入了缅甸境内。率领他们的是原本张献忠的部将、后来依附于永历帝的李定国和白文选，他们几次三番地率大军与缅军交战。

李定国等人的行动造成了缅甸北方的凋敝，也引起了缅王的疑心。他询问永历帝，既然皇帝已经获得了庇护，为什么他的人马还要进攻缅甸。永历帝回答，那是因为属下不知道他已经获得了庇护，以为他被软禁了。永历希望写信给李定国等人，让他们不要发动战争。但此刻，自负的缅王却认为庞大的军队始终是个祸患，他决定用武力征服，逼迫李定国等人彻底投降，于是，曼德勒见证了一场中缅之间的悲剧之战。这场战争不但造成了缅甸的混乱，而且使得忠于明廷的男儿们没有死在抗清的战场上，而被缅甸人杀死了。

如今的曼德勒山仍然耸立在曼德勒王城的东北角上，显得那么平静，看不出任何硝烟的痕迹。但在古代，这里是缅甸大军驻扎的地方，山下就是中国人的军营。

最初，中国人打了几场胜仗，但随后的拉锯战争让双方无限制地消耗了下去。缅甸人的军事实力是高于李定国的，当明王朝的军队还主要依靠传统战术的时候，缅军已经配备了完善的炮兵系统和西方战术，更有威慑力。但勇敢和没有退路又是中国人的优势。

当看到无法攻克缅甸的首都阿瓦时，李定国甚至派兵前往距离曼德勒几百公里外的旧都蒲甘，对那儿进行了围攻，攻克了蒲甘城。在缅甸的史书中，也并没有讳言中国军队有仁慈的一面。蒲甘侯被俘后，夜夜年诵经文祈祷平安，他的祈祷有了效果，中国人不仅放了他，还应他的要求放掉了他的家人。有一个 12 岁的孩子没有找到，中国人甚至答应找到后立即送回。

中国人对于首都阿瓦的围困更加严密了，阿瓦的城内开始缺乏粮食。

……南边已毫无遮防，中国军队搜捕躲在东山里的僧俗男女，杀戮凌辱。在缅王手下任职的夫君父子兄弟等闻之，无不痛哭流涕。中国人遍驻南边各村，缅军无法拿到坚壁的粮食，这样，粮价高昂，100 元钱才能买到 3 缅升米，士卒们得不到粮食，上奏缅王说奴等已两三天没吃上饭了。然而得到的是已无粮可发的回答。缅王让宫女们在皇宫西门内称卖粮食，而部下们无钱买粮，都在挨饿。官兵们一致认为国内局势非常艰难，佛教亦难存在下去。

首都的缺粮终于导致了一场宫廷政变。平达力的弟弟白莽（中国人称之为莽白）在士兵们的拥护下，将哥哥赶下了台，把哥嫂连同孩子们一同沉入了江底。在临死前，平达力的王后哀号着："我用嘴嚼东西喂大的人倒来加害我了！"

白莽上台后，李定国的中国军队已经成了强弩之末，缅军的进攻终于让他们退走了。李定国的军事行动引发了缅甸王室的宫廷政变并促成了永历帝的"咒水之难"及其尴尬地位。

公元 1662 年的一天，缅王白莽因为担心永历帝身边的大臣们，认为他们都是有能力的人，如果不够忠心起而反叛，都会成为缅甸的心腹大患。他突然通知皇帝，为了表达忠诚，希望双方举行一个仪式，在仪式上，永历帝的大臣们将饮咒水，表示永远忠实于缅王。不需要饮咒水的只有两个人：一个是永历帝，另一个是黔国公沐天波。由于黔国公一直与缅甸人打交道，缅甸人尊重他，敬畏他的威名，所以在赦免之列。

所谓饮咒水，就是一种赌咒发誓，发誓的人喝一种被施了魔咒的水，并发下誓言，如果不遵守誓言，就会受到鬼神的惩罚。从本质上，这对饮水的人并没有影响，但是人们都在担心此行凶多吉少，害怕遭了暗算。

饮咒水的共有包括 60 多位大臣的 700 多人，沐天波决定跟随他们一起去，众人都以为，只要沐天波在场，缅人应该不会下毒手。但是，双方的不信任在此刻已经被推到了极致，任何一颗火星都会引起剧烈的爆炸。果然，事情出现了悲剧性的转折。

按照中国人的理解，当沐天波等人渡江到达指定的地点时，突然间 3000 个士兵将他们团团围住，缅甸的官员指挥人手将沐天波拖出包围，希望放他一条生路，但沐天波拒绝了。缅甸士兵们尽情地砍杀着，又用火枪乱射，在场所有人尽数遇难。

按照缅甸人的说法，到达后，由于沐天波不需要与其他人一同宣誓，缅甸士兵上去把他和众人分开。但这个动作引起了高度戒备的中国人的疑心，沐天波以为缅甸人是来杀他，连忙夺刀奋战，"其他中国人也夺刀砍杀，杀死了很多人。于是缅军封闭了四面的门，从佛寺围墙上用火枪射杀，中国人大多被杀死"。

到底谁的说法正确，我们大概永远不会知道真相。在双方如此戒备的紧张时刻，任何事情的发生都是有可能的。当李定国的大军进入缅甸后，当双方开始厮杀时，实际上一切已经注定了。

"咒水之难"使得永历帝彻底失去了他的大臣，成为孤家寡人，他的命运至此也已经注定。

由于屠杀了他的大臣，缅王白莽似乎很不好意思，希望通过馈赠和安抚请他放心，如果从缅王的态度来看，永历帝或许可以在那儿安度晚年。

但永历帝似乎不知道，缅甸和中国之间已经形成了较为完善的引渡规则。

缅甸和中国的引渡规则是在永历帝祖宗们统治的明朝建立起来的。曾经有一个叫作思任发的掸族人首领背叛了明朝，逃往缅甸，中国的大军随即而至，索要此人，缅王便要求中国人帮助他征讨缅甸的一个叛将，在获胜后送还了思任发。

之后，一位缅属的土司背叛缅甸逃往云南，中国人在缅甸的要求下也引渡了此人。这种引渡规则一旦形成，除非有重大的利害关系，否则没有人愿意打破，更何况清廷还有强大的军队作保证。

李定国被缅甸打败后，又遭遇到吴三桂率领的清军，溃散了。吴三桂的大军陈兵边境，开始索要永历帝。缅王经过一番考虑，决定遵守规则。于是缅军封锁了皇帝的住处，将皇族的二十几人扣押起来，交给了吴三桂。

永历帝被吴三桂带回了昆明，绞死在篦子坡。至此，南明王朝灭亡。

只是，当清人兴起的时候，逼死了永历帝的缅甸人却陷入衰落之中，缅甸的第二王朝也已经步入了迟暮，西方人已经到了他们的家门口。当中国的威胁退去，另一种威胁正在上升。

第十八章

假冒皇帝进北京——蓝山和西山的更迭

1789 年，乾隆帝已经当了 54 年的皇帝，这一年，他在北京迎来了一位地方藩王——越南西山阮朝的光中皇帝阮惠。当然越南人将阮惠称为皇帝，但中国人只承认他是叫阮光中的安南国王。

越南国王除了带着通常的贡品之外，还带来了两头大象。一路上，两广总督福康安和广西巡抚孙永清都陪同着他。到了北京，乾隆皇帝正在热河的行宫避暑，于是，越南国王再次舟车劳顿前往热河。

到了热河后，阮光中显得格外热情，对着乾隆行抱膝之礼，与乾隆帝情同父子。乾隆皇帝也甚为感动，带着诸位亲王大摆筵席庆祝越南国王来京。到阮光中离开时，皇帝还专门令画师为他画像作为纪念，表示对他的尊重。

这一切，看上去充满了祥和喜庆。

但乾隆皇帝显然不知道，这个所谓的越南国王是一个叫作范公治的人假冒的，真正的越南光中帝根本没有离开升龙府（河内），他在享受着当皇帝乐趣的同时，还在嘲笑着北方军队的失利。当然，他也不会拿自己的性命冒险，跑到几千公里外的中国去仰人鼻息，稍不注意就引颈就戮了。

也正是在这时，越南西山朝刚刚灭掉后黎朝，而后黎的末代皇帝（昭统帝）正在中国祈求乾隆帝帮助他复国。乾隆帝接待了"阮光中"之后，决定把昭统帝扔到一边，不再理睬他的复国要求，他显然被那个敢于跑到北京来见驾、饱含父子深情的"阮光中"吸引住了。

虽然这一幕已经过了两百多年，但当我们想到那令人忍俊不禁的场面时，还会感慨乾隆帝的轻信以及帝王之间的诈术。但其实，它恰好反映了属国和北京之间的关系：这里面充满了武力、欺骗和背叛，却又表现得含情脉脉，保持着儒家的礼仪。

在越南河内的还剑湖边，望着熙来攘往的游人，不知为什么，我突然想到了这个故事。实际上，阮光中皇帝（他叫阮惠）在越南是家喻户晓的人物，甚至现在也被认为是仅次于胡志明、陈兴道的顶天立地的汉子。越南的各个城市里都有一条叫作阮惠的街道，就是为了纪念他。

我们就顺着明朝以后越南的历史，将这个假冒皇帝进北京的意义叙述完整，看一看中越之间的互动有多么频繁。

明军攻克了河内，结束了胡朝和后陈朝，英国公张辅的大军将越南带入了属明时期。但这个时期是短暂的，当明军的防卫减弱之后，一位叫作黎利的人出现了。

一个有趣的现象是，与当时明朝皇帝起于草莽（如汉高祖和朱元璋）不同，越南皇帝往往都有着不错的背景。比如，黎利家在清化省的蓝山，家庭一直比较富裕，在当地周济穷人，保持着乡绅阶层的本分。他贤达的名声甚至连明朝的官吏都有所耳闻，并希望他出仕为官。但他拒绝了并逃往山中，表示"丈夫生世，当济大难，立大功，流芳千载，何乃屑屑为人役使乎"？

跟随他进山的人士众多，并拥护他开展反明斗争。于是，黎利号称平定王，在蓝山起事，十年的蓝山起义拉开了帷幕。传说他从上天获得了一把宝剑，辅佐他赶走北方的军队。当他胜利之后，那把宝剑又被还剑湖的一只大龟带走了。

而实际上，黎利并非依靠宝剑，而是依靠智囊获得了胜利。最重要的智囊叫作阮廌。如果说，刘邦之所以有天下，一个很重要的原因在于得到了萧何、张良等人的帮助，而朱元璋则有重要谋士刘伯温的话，阮廌就是黎利的张良和刘伯温。

当我踏上寻找陈兴道之旅时，虽然没有找到陈兴道的庙，却找到了昆山上阮廌的埋骨之地。如果说，陈兴道体现的是一个喜剧结局，那么，阮廌体现的却是一出悲剧。

阮廌的父亲是前黎朝的榜眼，明军攻破了越南之后，将他的父亲带往明朝的南京。阮廌跟着父亲一路到了南关隘口仍然不想返回，他的父亲告诉他："吾儿回去，当为父报仇，为国雪恨，长随恸哭何益？"当黎利起事后，阮廌立即决定加入反明的部队。

在整个抗明十年里，阮廌为黎利出谋划策，主张不杀俘虏、避实击虚、围点打援、严明军纪，获得百姓的爱戴。明朝的部队虽然在前期占了上风，但由于越南经过四百多年的自治，已经成为独立的民族，作为外来者的明军失去了人心。

公元 1427 年，黎利伏击了明军的主力，将其主将柳升斩杀，疲惫的明军不得不求和，越南再次独立，进入了后黎朝时期。

后黎朝的越南与中国仍然维持着进贡关系，依靠这薄如纸张的隶属关系，明朝维持了颜面，越南人得到了实质好处。

后黎朝从很多方面也很像明朝。这是一个基于农民意识建立起来的国家，在它的前期是一个典型的集权式王朝；到了后期，各种各样的宠臣越来越左右政治，并导致了最后的分崩离析。

黎利死后，接下来就轮到阮廌了。作为聪明人，阮廌已经告老隐退，但还是没有躲过杀身之祸。黎利死后，年幼的黎太宗继位。九年后，黎太宗已经成年，并进入了年轻人的发情期，一次阅兵时路过阮廌隐居的至灵县，决定去看望老功臣。但新王却看上了阮廌的侍妾阮氏路，强行把她带走了。但不久，黎太宗就不明不白死在了路上。

有人嫁祸于阮氏路，说她弑君，并逮捕了阮廌的全家，株连三族。曾经显赫一时的阮廌家族消失了。虽然后人曾为他平反，却已无法挽回惨剧。

太宗之后，接下来两位皇帝都死于刀剑，随后迎来了黎圣宗，也就是整个黎朝三百多年唯一一个还说得过去的皇帝。

圣宗期间，曾经的占婆国终于告别了独立。圣宗一生穷兵黩武，南伐占婆，西侵澜沧（现在的老挝），将越南国库耗空，并导致了之后君主的羸弱和权臣的擅权。他在位时，攻陷了占婆的首都，将占婆的领地尽数纳入囊中。

不过，圣宗并没有赶尽杀绝，而是寻找了一个占婆的宗室，也称之为国王，允许他拥有一定的独立行政权力，在如今的芽庄以南划了一小片地方供他及少量占婆人居住。强大的占婆就以这样一种屈辱的方式又存在了 300 年。

到了下一个朝代阮朝，阮朝的皇帝终于下令改土归流，将占婆的地方改为省县制，并由中央直接任命官员。于是，这个古老的文明彻底被北方吸纳了，它们除了留下一座座古老而破旧的纪念碑之外，还留下了历史的重重迷雾，让我们去猜测。

不过，吞并了占婆之后，北方的后黎朝也出现了消化不良。圣宗死后，后黎朝在一系列软弱的小皇帝手中传递，最后被权臣莫登庸篡位。莫氏建立了一个维持几十年的新朝代——莫朝。

听闻莫氏篡位的明朝大军挥师而至。莫登庸学着蜀汉后主刘阿斗的做法，把自己捆起来到郊外迎接明朝大军，依靠祈求继续当着越南王。

不过，莫登庸的行径激起了前朝旧士的不满。一位叫阮淦的黎朝官宦子弟拥立了一位黎朝宗室，起兵叛乱。阮淦后来被毒死，他的部将郑检乘机夺取了军权。郑检占据了南方，携黎朝的天子以令诸侯，他的政权仍然称为后黎朝，在北方则是篡权的莫朝。

后黎朝与莫朝的南北对峙，形成了越南的南北朝时期。刚刚由黎圣宗统一的国土再次分裂。

公元 1592 年，存在了 65 年的莫朝终于在郑氏的进攻下灭亡了。人们原以为可以再次看到南北统一，但是，且慢……当郑氏带着傀儡君主回到河内的时候，阮氏又突然占据了南方。

阮氏就是郑检当年顶头上司阮淦的后代。阮淦被毒杀后，郑检取得了权力，他试图把阮淦的两个儿子也杀掉以绝后患，却一不小心让其中一个跑掉了。阮氏占据了越南中部的山区，当郑氏北上后，他们立即占领了顺化周围地区，势力范围一直延伸到湄公河三角洲。

这样，原本南北朝时期南方的郑氏，现在却跑到了北方，而现在的南方属于阮氏，越南进入了郑阮相争的时代。他们都承认后黎朝的傀儡皇帝才是真正的皇帝，但实际的权力却由他们行使。郑阮势力的界线与 20 世纪越南战争时期南北越的界线很接近，可以看出，南北越的划分并非是一时的心血来潮，而是有着古老的历史渊源。

人们习惯将北方的郑氏称为东京，而将南方的阮氏称为安南。但实际上，他们都没有称王，而是尊奉后黎朝的君主。

郑阮相争期间对于越南也是一种幸运，如果政权是统一的，并定都在河内，那么河内对于南方的控制力一定不会过强，而当时的湄公河三角洲还属于那个叫柬埔寨的国家。正因为阮氏在南方割据、一心一意经营南方，才开始了向更南方的扩张。越南南方最大的城市西贡（现为胡志明市）就是那时候被收入囊中的。

为了修改书稿，我在西贡住了整整一个月。我住的地方恰好在一个居民区里，由于房子是私有的，每家每户所占地方虽然狭小，却可以任意地向高处发展，于是巷子狭窄到两边的楼房可以相接，我住在一栋四层小楼的顶楼，只要从窗台翻出去，就可以跨上对面的窗台。

虽然巷子里拥挤不堪，但每户人家里干净整洁，每个人从进楼开始，就必须把鞋脱掉。整栋楼里没有一双鞋，但只要在楼内，哪怕走一天脚上也不会脏。

当我走在巷子里，却仿佛回到了那个叫作嘉定的地方。是的，胡志明市最早的名字叫作嘉定，法国人来了之后才改为西贡。嘉定最早的历史和中国人颇有渊源。当清朝取代明朝的时候，有一批明朝的旧部不甘心屈服，投靠了阮氏。当时阮氏正考虑占领柬埔寨的湄公河三角洲，于是授权这些中国的军队占领嘉定等地，开垦土地，铸剑为犁。依靠着中国人的帮助，阮氏取得了南方六省，并最终巩固下来。

在西贡时，我总是感觉那儿比越南北部更像是中国，不管是人的面貌，还是商业繁荣的程度，甚至街道的布局。漫步其间，我仿佛在广州的城中村中散步，是遍地摊贩、车水马龙的 20 世纪 40 年代的广州。

郑阮之间的战争从 1627 年开始，打了将近 50 年，发动了 7 次大规模的战争，从明朝一直打到了清朝，才因为双方都筋疲力竭而罢兵。两个分裂的政权在相对和平中又度过了 100 年。

当双方的政权都因为时间而变得腐败和孱弱时，在南方阮氏的境内突然出现了三位传奇的亲兄弟，他们被称为"西山兄弟"。

阮岳、阮侣、阮惠三兄弟原本姓胡，家住北方的义安省。但在郑阮战争时期，胡氏的祖先被掳掠到了南方，在归仁府的西山定居了下来，到了兄弟的父亲胡丕福时期，已经成了当地的富户。

兄弟三人早年受到一些儒家的影响，一心想做大事，他们改姓了母亲的阮氏。阮氏是南方统治者的姓氏，改名之后更具有号召力。也正因如此，后来越南阮朝的统治者总是将他们称为篡姓的伪朝。

公元 1771 年，阮岳借着当小吏的机会，结交百姓，最后遁入山中开始建立山寨，靠劫富济贫过日子。而被视为正统的安南阮氏也开始对其进行镇压，但失败了。借着反镇压的余勇，兄弟三人乘机举事，西山起义由此爆发。

西山起义与当年的蓝山起义一样，是一次典型的农村起义。之所以称农村起义，不称为农民起义，是因为起事者都是当地的士绅阶层。但他们的指导思想都是想建立一个属于农业的典型政权。

三兄弟起义后，阮氏和郑氏曾经想联手绞杀这股不知好歹的力量。然而，北方的郑氏突然有一天明白过来：如果让西山兄弟进攻阮氏，不是等于帮助自己完成统一吗？于是，阮岳摇身一变，成了郑氏册封的"西山校长、壮烈将军"，阮惠也成为"西山校前锋将军"，之后，又封阮岳为广南镇守、宣慰大使、恭郡公。

西山兄弟在北方郑氏的支持下，攻陷了阮氏政权，杀掉了阮氏的两代国王，只有一个宗室子弟阮福映得以逃脱。阮福映逃到了暹罗（泰国）的土地上，投奔了法国人，在当时人们谁也不会认为，这个只有十几岁的年轻人能有什么作为。

这样，南方阮氏政权被西山阮氏取代了。西山兄弟是北方郑氏的封臣，这是否意味着郑氏就统一了越南呢？

事实证明，郑氏招纳西山兄弟成了一招致命的败笔。一旦获取了南方，阮岳的雄心更加膨胀起来，决定不再屈居人下，他自称皇帝，并积极准备北侵。公元 1782 年，阮岳统一越南的战争开始。四年后，西山阮氏灭亡了郑氏，郑氏最后的君主郑楷自杀身亡。

西山阮氏虽然攻取了北方，然而郑氏扶持的后黎朝傀儡皇帝仍在。阮岳担心如果取后黎朝而代之，可能名不正言不顺，于是，在灭掉郑氏之后，他选择了将北方交予后黎的昭统皇帝。自己领兵南返，只占据了南方，自称中央皇帝。但西山兄弟离去后，一个叫阮有整的权臣却掌握了北方的大权，阮惠这时才二次北进，消灭了阮有整。后黎王朝的末代皇帝出走北方，后黎朝在经过了无数的傀儡皇帝后，终于灭亡了。

在西山兄弟中，最有作为的是老三阮惠，统一越南的战争中，阮惠不仅是西山的第一战将，还以仁义和道德著称，至今人们仍然在怀念他。

不过阮惠之所以被人们铭记，还在于他又一次抵抗了中国，保持了越南的自主。当后黎朝灭亡的时候，中国的清王朝正处于乾隆朝晚期。属国发生改朝换代时，是与宗主国之间矛盾最深的时候，新朝的国王由于刚刚取得政权、骄傲无比，对于朝贡等规矩都不甚明了，甚至抵制，因此，宗主国不希望出现改朝换代，往往会选择支持被推翻的国王。清朝的大军以支持昭统帝为名，进入了河内。

两广总督孙士毅发两广云贵四省大军，分兵三路进军越南。阮惠听说清军占领了河内，也效仿当年前黎朝的黎桓，先称帝，再进军，他自称光中皇帝，与哥哥泰德皇帝阮岳呈南北分立之状。

在接下来的战争中，由于孙士毅的轻敌，阮惠打败清军，孙士毅仓皇奔逃才免于被俘。

当清朝换了乾隆帝皇帝的侄子福康安做两广总督时，阮惠却如同先前的君主一样，开始与福康安联络表示臣服于清廷，在福康安的斡旋下，乾隆帝答应册封阮惠为王。不过出于面子，怒气未消的乾隆要求阮惠亲自到北京觐见，否则将继续出兵。

对于越南人来说，他们需要的是独立的实质，而不是虚名；对于清朝来说，他们需要的是臣服的名义，却不在乎有多大实惠。双方的需求上有一个契合点，关键看行事的双方够不够聪明。阮惠决定满足清朝皇帝的虚荣心，但他绝不会冒险亲自前往，以免身遭不测。他想到了一个办法：找了个假冒的人代替他前往北京，于是就有了本章开头的一幕。

我好奇的是：除了乾隆帝被蒙在鼓里，作为两广总督的福康安是否知道真相呢？

答案或许是：即便他知道真相，也绝不会说出来。他心里明白，为了越南再打一仗是不值得的，因为越南太遥远了，最好的办法就是用双方都接受的方式把事情圆过去。况且，不管是乾隆帝，还是福康安，也包括光中帝，都可以把自己看作胜利者，这是三个胜利者的游戏而已。

在整个事件中，唯一失败的只有后黎朝的昭统帝。当福康安决定不再支持他的时候，也把他骗往北京并软禁了起来，随同昭统入京的官员被拆散送往中国的偏远地区。乾隆给昭统封了几个虚职把他搁置起来，直到他在北京默默死去。

得到乾隆的册封之后，西山兄弟中年龄最小的阮惠光明正大地继承了正统之位。但他的称帝也使得兄弟之间的裂隙变得无法弥补了。在灭亡后黎朝之前，阮惠和哥哥、南方的皇帝阮岳就发生了一次冲突。随着江山扩大，阮岳已经逐渐失去了斗志，享受起醇酒妇人、霓裳羽衣来。据称他曾经奸淫了阮惠的妻子，并处处防备自己兄弟的壮大。最后，阮惠率兵包围了哥哥所在的归仁城，筑了土山高台，架起大炮，如斗大的炮弹纷纷落入城内。阮岳登上城墙哭诉道："皮锅煮肉，弟心何忍！"

所谓皮锅煮肉，与曹植的"煮豆燃豆萁"是同样的道理。把动物的皮剥下来，里面装上水，把肉放在其中煮熟，这样的烹煮只会把外皮烧焦，却不会烧漏，是猎人们常用的方法。阮惠听到了哥哥的哭声，率兵离去。

获封四年后，西山兄弟中最年轻的阮惠得病死了，他死后的西山兄弟分成了三股势力，原本有机会统一的越南再次分崩离析。兄弟阋墙的悲剧让西山朝无法走得更远。

那位逃亡泰国的阮氏后裔阮福映开始活动，在他的背后，是法兰西帝国的支持。在西方枪炮的武装下，当年孱弱的公子哥儿已经俨然成了西方的宠儿。在法国人的帮助下，越南最后一个王朝阮朝（不是西山阮朝）建立了起来，而法国人也终将越南变成了殖民地。

第七部

中印远去，英法来临

第十九章

贡榜王朝的最后辉煌

在缅甸，我专门去了那座叫东吁（Taungoo）的小城。之所以选择它，是因为它曾经是缅人第二帝国（东吁王朝）发家的地方，在莽应龙建成勃固的汉萨瓦底王城之前，东吁也是帝国的都城。

如今，这座小城孤零零地耸立在缅甸中部的土地上，它的南方是旧都仰光，它的北方则是新都内比都。2006 年，缅甸军政府宣布要将都城从仰光迁往中部一个不为人所知的地方。因为仰光是英帝国时期强加给缅甸的，而从传统上，缅甸是个内陆帝国，希望将首都放在内陆的地理中心。这样，就有了所谓的内比都，而东吁的重要性也相对增加，因为从仰光到内比都的火车必须经过东吁。

但即便如此，东吁目前仍然是一个贫穷的小城市。从火车站出来，四周都是低矮的房屋和棚户，街道大部分都是土路，与缅甸其他小镇没有太大的区别。

东吁王朝时期的城墙界线还保留着，从空中望去，小城的核心区还保留着正方形的痕迹，周围的城墙变成了土堆，却还能看出地面的凸起。

只是，东吁时期的建筑都已经荡然无存了。由于缅甸的森林资源丰富，民房大多是木质建筑，无法保存长久。城市里只有几座金色的佛塔还保留着，但佛塔的规模并不大，任何一座缅甸城市里几乎都有同等规模的塔。

但在城里行走时，我却突然发现了一间残破的旧房屋。这座房屋之所以奇特，是因为它是伊斯兰教风格的，尖耸的塔楼和马蹄形的拱形结构让人一眼就看出来了。只是，这栋房屋已经成了废墟，屋外围着铁丝网和竹栅栏。我猜想，它也许曾经是一处穆斯林集会的地方，也许是一家穆斯林的住处。

从破损程度上看，它也许已经有上百年的历史，足可以追溯到殖民地时代。这是我第一次在仰光之外发现老建筑。

更令我惊讶的是，在当地最大寺庙的旁边还有几处废墟。这些废墟有的已经没有了屋顶，只有墙还矗立着，有的经过当地居民的翻修，现在还住着人。在一处废墟上，一棵顽强的小树攀在废墟顶端的砖墙上，它的根完全裸露在外，像是章鱼一样挂在墙上，却仍然不屈地活着。这些房子既不是佛教的，也不是伊斯兰教的，它们带着殖民地时代的风格，有着美丽的天使雕像和镂空花纹，很显然来自那个被遗忘的年代。

从此之后，我才刻意去观察这样的殖民地时代建筑，发现几乎每一座缅甸的城市里都会有这样的一批房屋。它们的年龄都有上百年甚至更长，如果放在中国，这样的废墟早就被拆除变成了新房子，可由于缅甸的经济还不发达，历史在这里仿佛被保留在遗忘的角落里。

缅甸的历史遗迹是如此丰富，但大部分都没有被发掘出来，外界不知情，更没有游客光顾。也正因为如此，这些遗迹还保留着更加原始的面貌。

在东南亚的国家中，缅甸的政治发展和古代中国最接近。

它曾经历了三次统一，也曾出现过南北对峙，形成了核心民族和外围民族的隶属关系，所建立的集权式和帝国式统治也和中华帝国最为接近。

当泰国和越南已经接近于民族国家的时候，缅甸却并非完整的民族国家。它的形式是：在中央伊洛瓦底平原上，缅人已经成为主导民族，可是，在外围的山地里，居住着众多的部落、土司和少数民族。这些少数民族对于缅甸的中央政权只是承认其宗主权，却保持着相对独立的统治权，并拒绝中央政府的干涉。

缅甸帝国属于内陆型政权，在经济上以农业为主，并建立了一整套的农业制度。虽然它也有着丰富的海岸线，但那些海洋要么属于少数民族，要么曾经被英国占领。对于海洋，缅甸的统治者畏惧多于喜爱。每一个王朝时期，国王们都选择将自己的首都定在远离海洋的内陆。

比如，缅甸最伟大的国王之一莽应龙统治时期，威尼斯人卡萨·弗雷德里克在1569 年访问了当时的缅甸首都勃固之后，就写道："勃固王在海上没有什么军队或势力，但在陆地上，就居民、版图和金银而言，在财富和实力方面，他远远超过了大土耳其的势力。"最伟大的国王时期尚且如此，遑论其他时间。

到了近代，当其他东南亚国家都已经被迫开放的时候，缅甸还维持着古老的封闭政体，对外国人和贸易的态度也最为保守。

另外，缅甸所背负的历史包袱还在于它的最后一个王朝——雍籍牙王朝（也叫贡榜王朝）。

当外国人已经到了家门口，占领了印度，并在马来半岛、越南、泰国等地大肆扩张的时候，缅甸却意外地迎来了最后一段辉煌期，甚至是它最辉煌的时期。

当缅甸的第二帝国——东吁王朝——顺应着集权政权的普遍规律，经过一段辉煌走向衰落的时候，缅族人的老对手孟族人再次占据了主动。1752 年，叛乱的孟族军队终于攻陷了阿瓦这个王朝首都，第二帝国成为过去。

如果这件事发生在东南亚的其他国家，这恰好是欧洲殖民势力进入的好时机。西方人善于帮助殖民地新兴的政治势力，也为自己获得政治上的存在，并逐渐扩大权力，最终将整个国家变成殖民地。

但在缅甸，欧洲人根本来不及利用这个短暂的空当。当东吁王国灭亡、孟族人欢庆胜利的时候，在更加靠近北部山区的地方、阿瓦西北方的瑞冒（Shwebo）又形成了缅族人的另一个核心，他们的首领叫作雍籍牙（Alaungpaya）。

雍籍牙生于 1714 年，两百多年来，他的祖先一直生活在瑞冒，并成为当地颇有名气的大家族。雍籍牙年轻时见过缅王，颇有声誉。当孟人灭亡了东吁帝国，缅人纷纷北逃进入西北山区。作为望族的雍籍牙乘机在当地训练部队，进行村保，开始了军事斗争。

孟族人的政权是不稳固的。对于孟人来说，北方的重要性远远小于南方，孟人喜欢大海和贸易，也担心东部的泰人袭击，他们留下了不多的军队，大多撤回了南部，这就给了雍籍牙好机会。

1752 年 9 月是改变缅甸命运的时期，当孟族将军前来招降时，雍籍牙拒绝了他，由此导致了孟族对他的围攻。然而结果是，雍籍牙突破了重围，并发动反攻，占领了北部。他在瑞冒自称为王，建立了贡榜王朝。短短几年时间，缅人的大军横扫了整个缅甸，摧枯拉朽般占领了全国。

更难得的是，为了避免两族未来的冲突，雍籍牙刻意不打造一个纯粹缅人的政权，而是注重吸收孟人的官员和军队，建造一个跨民族的帝国。他的政策使得孟人的同化速度加快，两个彼此对立的民族融合了。从此以后，孟人再也没有实力建立一个全国性政权，而是成为巨大王朝的一个小组成部件。

更令缅甸人感到骄傲的是：这次贡榜王朝没有再浪费机会，它彻底消灭了缅甸的死对头——泰国的阿瑜陀耶王朝。这使得泰人更加谦恭和小心翼翼，谨慎地处理与世界的关系，却放大了缅甸人的误判，使得他们更加自大，更不愿意放眼四周了。

在雍籍牙崛起的时候，阿瑜陀耶王朝却处于再次衰落中。

纳黎萱国王统治之后，阿瑜陀耶王朝又经历了一百多年。在这一百多年中，它的政治结构再次变得僵化，贫富差距的增大、官僚和平民的对立，这一系列问题开始困扰这个古老的国度。在这期间还出现了一系列的平民起义，以对抗日益严重的社会不公。

到最后一个国王阿伽达统治时期，宫廷政治的相互倾轧、民间经济的崩溃、财政的入不敷出，以及国防的松弛，终于使这个国家向着失控的方向滑去。

缅甸的雍籍牙国王也恰在此时开始了对泰国的征战。1760 年，这个统一了缅甸的雄主率领大军进入泰国，跟随他的，除了他儿子率领的部队之外，还配备了不少葡萄牙人的雇佣兵。阿瑜陀耶毫无准备地迎来了战争。

经过一系列的外围战斗，雍籍牙很快围困了泰国首都。然而这时候好运突然眷顾了泰人，雍籍牙可能受了伤，也可能是得了病，他不得不解除对泰人的围困，向缅甸境内撤退。在没有回到他心爱的国土时，这个曾经令敌人闻风丧胆的战神就逝世了。

随之而来的王位争夺使得泰国又获得了三年的休息时间，但泰国已经无法利用这宝贵的时间来重整军备了。由于经济体系的破坏，民间已经很难供应得起足够的税赋，泰王也没有足够的经费来武装自己的部队，他们只能祈祷缅甸人不要再攻打他们。

然而，光祈祷是没用的，1764 年，获得了王位的缅王孟驳再次率军前来，围困了阿瑜陀耶的首都。这次围困持续到 1767 年。为了攻破城池，缅王做了一系列准备，选择高地扎营，避开了洪水季节，使得雨季可以继续实施围困。当看到敌人在雨季也没有撤走时，阿瑜陀耶城内的人们开始绝望了。他们弹尽粮绝，但又知道这是最后的生死之战，他们已经没有了退路。

4 月 7 日，缅军在隆隆的炮火下开始了最后的猛攻，他们打破了阿瑜陀耶的城墙，鱼贯而入，城市在喧天的火光中慢慢地化成了灰烬。阿瑜陀耶的末代国王在逃跑途中被活活饿死，他的臣民全部被缅甸人带走。所有财宝都装上了马匹，所有无法带走的东西都被砸碎或者焚毁。一座四百多年的繁华古都在混乱之中落幕。

东吁王朝攻陷阿瑜陀耶后，尚且安置了一个傀儡皇帝继续驻扎，使得阿瑜陀耶城市得以重建并继续存在。但到了贡榜王朝时，它把一切毁灭了，这里彻底沦为一座荒城，直到几百年后，人们只能通过那烧不烂的石头看出这座城市曾经的雄伟。当我徘徊在阿瑜陀耶的废园中时，望着那一尊尊被砍掉了头的佛像，仿佛还可以感觉到当年缅甸军人的破坏力。

一位旅行者提醒我，一定要去一个叫作普拉摩诃陀（Wat Phra Mahathat）的寺庙，在那儿能看到惊人的一幕。

普拉摩诃陀寺就在拉贾布拉纳寺的旁边，两座寺庙从规模到建筑风格都有相似之处。这座寺庙自从被入侵的缅甸军队焚毁后，再也没有修复，静静地矗立了两百多年，讲述着当年的风雨。这里的寺庙有两个特点：第一，大部分寺庙都因为地基的缘故发生了倾斜。第二，它们有的还带着火焚的痕迹。在寺院内部的围墙周围，有着一整圈的残破的佛像，大部分只剩下了底盘，偶尔还保留着身子。偶尔有几处完整的，则带着当地人重修的印迹，有的是用水泥将几块粘合起来的，有的则干脆就是水泥的。

我行走在这庞大的废墟中，不由感到人类的悲哀。人们建造这庞大的佛寺时花费了多少的人力啊，到最后却总是要被烧毁、荒废。到底建设是人类的特征，还是毁灭是人类的本性？

在寺庙里有几棵巨大的榕树，其中一棵榕树下站满了游客。当我走过去的时候，才发现这里就是人们传说中的"惊人一幕"了。

与东南亚的许多废墟一样，废墟上的榕树盘根错节，将许多人类的遗迹吞没其中，更显示了自然的沧桑力量。但在这里，巨大的树根中间镶嵌着的却是一个完整的佛头。

只有佛头，没有身体。说它是镶嵌，是因为整个佛头已经被树根包得严严实实，只有面部和发髻露在外面。佛头的面目安详，仿佛仍然在注视着这个受苦的世界。

已经没有人知道这个佛头为什么会出现在这里，到底是被劫掠的士兵放在了这里，还是偶然滚落。我知道的只是它的存在，仿佛象征着阿瑜陀耶的消亡，带着悲剧色彩却又倔强地存在着，不肯消失。即便阿瑜陀耶再也没有成为泰国的中心，它还是在这里诉说着。这是多么惊人的一幕啊！

留下一片废墟之后，强大的缅甸人撤走了。他们可以击败泰人，却无法长期占据。由于民族意识已经形成，泰国已经很难由外人统治了。只是，这次泰人移到了更加靠南的曼谷，放弃了这片河间的土地。

缅人撤走之后，缅甸第三帝国的军事扩张期也过去了。

孟驳死后，经过了一系列的宫廷事件，统治贡榜王朝时间最长的孟云上台了。他的地位相当于清朝的乾隆皇帝，一方面，缅甸的国势在他的任上达到了极盛；另一方面，集权体制带来的问题逐渐积累，到孟云死的时候，缅甸已经成了一个贫富分化严重、经济发展停滞的国家。

只是，当英国人到达缅甸家门口的时候，缅甸人仍然沉浸在曾经强大的幻象之中，无法苏醒。和缅人一样的，还有它更加庞大的北方邻国。

第二十章

壮烈将军和缅甸陷落

　　来缅甸之前，我的计划中列有和一位将军有关的地方。这位将军叫摩诃班都拉（Maha Bandula），中国人则习惯于直接称他为班都拉。

　　之所以这样计划，是因为在缅甸的历史上，除了阿奴律陀、江喜陀、莽应龙和雍籍牙四位伟大的君主之外，唯一并非君主却被缅甸人铭记的指挥官就是这位班都拉，更何况他是一位兵败身死的将军。在缅甸人的心目中，他是一位战神，一位差一点改变了历史却功败垂成的人。

　　1824年，班都拉将军率兵成就了一场壮举，人们认为，只有公元前218年的汉尼拔翻越阿尔卑斯山可以与之相比。汉尼拔曾经被西方世界认为是仅次于亚历山大大帝的战神，他从西班牙翻越雪山，进攻意大利差点儿使罗马灭亡。

　　班都拉将军则从缅甸西部的阿拉干出发，率领六万名士兵和数百门火炮，翻越两千多米高的阿拉干山脉，进入伊洛瓦底江三角洲，以迅雷不及掩耳的速度出现在占领仰光的英国人面前。

　　可惜的是，班都拉和汉尼拔一样，享有着战神的美誉，曾经让敌人心惊胆战，却并不拥有最终的胜利。

　　在之前与英军的作战中，他曾经多次取得过局部的胜利，但在与英军的决战中，装备处于绝对劣势的缅甸军队却不得不撤退了。最后，一颗炮弹落在了他的身边，带走了这位缅甸历史上最有名的战将。他死后，战局急转直下，英国人不仅占领了仰光，还割据了整个缅甸南部地区，缅甸陷入了长达半个多世纪的"被殖民地化"过程之中。

　　寻找班都拉的历程并不复杂。实际上，在缅甸，这个已经成为民族标志的人物会在不经意间出现。比如，刚到达仰光，从机场打的到了市中心之后，的士司机把我放下的那条街就叫摩诃班都拉大街。

在市中心，有一座古老的佛塔叫苏乐塔（Sule Paya），传说这座金色的佛塔已经有两千年的历史，在佛塔的四周就是背包客聚集的区域。苏乐塔位于两条交叉的大街中心，这两条大街一条叫作苏乐塔街，另一条叫作摩诃班都拉大街。缅甸人为了纪念这位将军，把仰光最主要的大街献给了他。

对于背包客而言，最受欢迎的背包客旅馆也叫摩诃班都拉。由于最近几年大量的游人进入，缅甸的住宿价格高了几倍，只有小小的摩诃班都拉旅馆保持着以往的悠然。在这儿，游人仍然可以找到 5 美元的住处，而在其他地方，哪怕是一个宿舍的床位也至少是 9 美元。

在苏乐塔的旁边，还有一个叫作摩诃班都拉的公园，在园子的正中心，高耸着缅甸独立纪念碑，缅甸人仿佛想通过这种方式纪念这位将军，告诉他英国人已经离开了这个地方，他的愿望已经实现。公园的四周是大量殖民地时期的建筑：高耸的教堂、高等法院、市政厅都在附近，由于缅甸大规模的建筑还没有兴起，老式的街道仿佛让人们回到了过去。去过加尔各答的人会体会到那儿殖民地的遗风，而市中心附近的仰光则像第二个加尔各答。班都拉的民族精神和殖民地遗风就这样在这里交错相容，而将军的失败反而显得不那么突出了。

中国人对班都拉的精神并不陌生。在清朝有一位将军可以与之相比，那就是蒙古亲王僧格林沁。同样是英勇善战，同样为帝国的辉煌所鼓舞，同样不把入侵的敌人放在眼里，也同样遭受了巨大的失败。

与清朝的康乾盛世一样，贡榜王朝最后的辉煌也让缅甸人产生了错觉，沉浸在帝国的迷梦之中，认为在英国人控制了整个印度、荷兰人占领了印度尼西亚之后，缅甸仍然是世界上最强大的政权之一。

但他们不知道，自从 15 世纪末的地理大发现以来，世界再也不像当年那样分裂成一个个封闭的单元了。西班牙的舰队曾经横扫了美洲，科尔特斯的数百名骑士可以横扫整个阿兹特克帝国，将墨西哥收入囊中，而皮萨罗和阿尔马格罗则用了更少的人就摧毁了更加广大的印加帝国，几乎获得了整个南美大陆。冒险家们的作为也摧毁了中世纪以来的价值观念，那些穷困潦倒、背负着罪案的青年跑到地球的另一端，要么默默无闻地死去，要么腰缠万贯地回到祖国。

在亚洲，葡萄牙人先声夺人，占领了印度的海岸，以及中东海岸上的据点，他们先是依靠从亚洲进货卖到欧洲赚钱。后来发现这种钱并不好赚，船经常在海上遇到问题，于是依靠早到的优势坐地生财，在港口做起了"山大王"的生意，任何使用葡萄牙人占领港口的船只都必须缴税。

但葡萄牙人的如意算盘被英国和荷兰打破了。资本主义较为发达的英国和荷兰最早发现了专业分工的优势，于是从商业中分化出一种运输业，专门负责运输、不负责销售的船主出现了。英国和荷兰的船主们最大的敌人就是坐地生财的葡萄牙，于是，他们联合起来颠覆了葡萄牙人在亚洲的霸权。

之后，英国占领了印度，并在与法国人的交战中胜出，而荷兰人则几乎独占了印度尼西亚那庞大的海岛群。法国人则开始在越南、柬埔寨和老挝动手，占据了东部地区，只有缅甸这个古老的帝国还保持着光荣的独立和封闭。

缅甸的君主们总是认为他们有能力利用外国人的力量，比如，在东南亚各国都有雇佣洋人打仗的传统，当时的洋人主要来自葡萄牙，由于缺乏组织，他们更像是自行其是的冒险家，即便结伙，也大多是临时的。缅甸历史上抵抗南明的入侵时，就大量地使用了火器，而在进攻阿瑜陀耶时，更是雇佣了洋人为他们效力。

在这时，这些西方人所表现出来的只是投机，他们希望通过服务于缅王获得一定的特权，并小心翼翼地不触怒缅王。这样的态度也使得缅甸感到西方人是不足惧的。

但当非葡萄牙人的英国人到来时，一切都变了。

1757年，英国东印度公司的军队在克莱武将军的领导下在普拉西战胜了孟加拉的领主希拉杰-乌德-道拉（Siraj-ud-Daula），并驱逐了他们的竞争对手法国人，开始了在北方的殖民活动。几年后，他们获得了孟加拉和北方邦的治理权，开启了著名的公司政权时代。英国人以孟加拉为基地，一点一点地蚕食了现在印度东北各邦。这些地区与缅甸控制的阿拉干相邻。

对于缅甸来说，英国人与之前的葡萄牙人有明显的区别：葡萄牙人希望获得的是财富，只要有足够的赏赐就可以打发他们，而英国人渴望的是土地和实际统治权，以及独占式的贸易特权，而这一切是无法满足的。

在缅甸对英国不满的时候，英国人对缅甸也充满了抱怨。封闭的缅甸成为英国人开展贸易的障碍。英国人希望获得更多的缅甸木材，进行自由贸易，他们还想打通通往中国云南的道路，但雍籍牙后裔的不合作使得英国人的数次谈判努力均告失败。

当两个政权对彼此都充满了敌意的时候，战争便不可避免了。

1823 年，一座小小的岛屿成为两国冲突的导火索。在缅甸和英属孟加拉的交界地带，有一个小岛叫刷浦黎，这个位于双方势力范围夹缝里的小岛成为英缅争夺的焦点。英国人和缅甸人曾经多次争夺，都驻扎过军队并宣誓主权。

1824 年 1 月，摩诃班都拉出任阿拉干总督。这位将军出身贫寒，一直到结婚还是个农民，由于吃不上饭，去太子府上当了名护卫。为了吸引太子的注意，他甚至不惜故意打架斗殴。后来，他从最底层的传令兵做起，在历次镇压叛乱的军事行动中脱颖而出，最后官拜总督。

这位有着传奇经历的将军充满自信，他相信自己的军事实力和指挥天才，是一个强硬的主战派，主张用最残酷的手段杀死英国人，只有这样才能警示他们。他上任后立即派兵占领了刷浦黎，将英军驱逐。这件事直接导致了英国人向缅甸宣战，第一次英缅战争爆发了。

英国人面对的是能征善战的班都拉，这位将军果然用行动证明自己是个伟大的指挥官。当面对对手的武器优势时，他毫不犹豫，主动出击，利用战术来弥补装备的不足，大败英军，让东印度公司的董事会头疼不已。

但这时，英国人却想到了另外的手段。他们意识到，班都拉只是缅甸西部阿拉干地区的总督，在这个地区与将军纠缠是占不到太多便宜的。要想获得胜利，必须把战争扩大化，不要为一个小岛而付出太多，而是将战火引向缅甸的中心地带，特别是英国人最觊觎的南部沿海地带。在那儿，可以获得最好的土地，也可以避开这个善战的将军。

于是，英国人开始策划一场全面的入侵行动，它们的首要目标是最肥沃的伊洛瓦底江三角洲，这也正是仰光之所在。

班都拉曾经考虑过英国人全面进攻的可能性，他提醒缅甸政府要注意防范。但他只是西北地区的总督，南方的防务已经不属于他的职权范围，他只能望洋兴叹了。

英国人组织了一支庞大的舰队，包括 66 支战舰和 1 万多名士兵，这些士兵在南方开展了一次几乎没有受到抵抗的登陆行动，之后迅速占领了仰光城，并将整个三角洲收入囊中。但他们在这儿遭遇了雨季和缺粮，出现了大面积的非战斗减员，不过他们在仰光稳占了脚跟，找到了继续前进的基地。

缅王这才想到了班都拉的警告。但他的手下没有人能够抵抗英军的入侵，南方由于是一马平川的平原地带，英制武器可以发挥最大的威力，原始的战马、弓箭和大刀都无法对他们构成威胁。

最后，缅王决定把班都拉从西北调往南方与英国人作战。在雨季里，班都拉率领着他的士兵以急行军的速度，跨越了阿拉干山脉，在狭窄的山路上，几百门大炮在泥泞的雨中一路前行，赶在英国人继续北进之前到达了阵地。

班都拉的调动也产生了灾难性的后果：阿拉干地区已经没有猛将来防守，使得英国人终于长驱直入占领了阿拉干。而在仰光，班都拉的反攻遭到了挫败，这支疲惫的部队暴露在英军的炮火之下时，便几乎没有获胜的可能性。

班都拉分析了形势，决定撤往北方的达柳漂暂时休养。英国人跟随着他的脚步到达了达柳漂城外，希望他投降。班都拉回答："你会看到，我将坚定地保卫我的祖国。如果你作为朋友而来，我让你参观达柳漂；但如果你作为敌人而来，那就来吧！"

一颗炮弹结束了他的生命，达柳漂成了这位将领的最后归宿。

班都拉死后，英国人长驱直入，占领了骠人的古都卑谬，又占领了缅人的故都蒲甘。那里众多的佛塔伫立在伊洛瓦底江旁，目睹了英军的到来，它们曾经被孟人、掸人、蒙古人、汉人占领过，如今又迎来了一位新的征服者。在以往的历史中，占领者们经过短暂的滞留，最终还是要被赶走，但英国人显然比以往的征服者更加强大，也准备得更加充分。

南方尽数收入囊中后，英军最后抵达了缅甸的首都阿瓦城下。

缅甸王朝被迫求和，他们丧失了西北的阿拉干和南方的丹那沙林。丹那沙林位于马来半岛上，是缅甸最南端的一片领地。除了土地割让和赔款之外，其余的主要是贸易上的通商条款，这些条款使得缅甸告别了封闭，被迫与世界融合了。

在缅甸，人们仍然在传说着班都拉将军的遗言，据说这位将军在死前已经知道缅甸很难取得胜利。他说：

我们或许会输掉战争，这是我们的命运。我们英勇战斗，然后献出生命。但是，我们不能丧失自尊，也不是因为缺乏勇气或者不善于战斗而失败，要让他们明白，缅甸之所以输掉，只是因为他们的统帅死了。这将成为缅甸战斗精神永恒的榜样，增强我们的荣耀与辉煌，并鼓舞我们的邻邦们。

由于班都拉将军的抵抗，英国人在战争中也损失惨重，有 15 000 人葬身缅甸，成为英国打得最糟糕的一场战争。这是缅甸王朝留给世界最后的一笔血色辉煌。

第一次英缅战争后，缅甸虽然丢失了部分领土，却并没有亡国。但这次战争给缅甸带来的影响是：以后上百年再也没人有能力阻止英国的军事行动了，班都拉成了英勇抵抗的最后一人。

1848 年，一位鹰派的狂人戴贺胥出任了印度总督，这位总督不仅是再次入侵缅甸的制造者，还由于在印度的强硬政策，间接造成了印度 1857 年的反英大起义。

有人认为，在殖民地战争中，英国人往往比较有"礼貌"，即便开战，也要有足够的借口作铺陈，并且多以经商为目的，而法国人则更加蛮横。然而，在对待缅甸的态度上，戴贺胥却像个典型的法国人。他制造了一系列借口，并故意制造摩擦扩大事态，于 1852 年发动了第二次英缅战争。这一次，缅甸再没有铁血将军，英国人除了在仰光遇到一点抵抗之外，其余地区连像样的抵抗都组织不起来。这次战争的结果，是英国人吞并了整个下缅甸地区，也就是缅甸南方靠海之地。失去了阿拉干、丹那沙林和下缅甸的贡榜王朝，已经变成了内陆王朝，失去了海岸线的缅甸经济已经崩溃，更无力组织抵抗了。

1885 年底的第三次英缅战争只进行了半个月，英军就消灭了缅甸的抵抗力量。最后一位缅甸国王锡袍王在城市陷落不到一个小时后，就被押出了王宫，送往"太阳号"军舰，流放到了印度西海岸孟买南方的拉纳吉里（Ratnagiri），靠英国政府的年金维持生活，并最终死在了那儿。

对于这样的末代君王，英国人往往采取异地滞留的策略。1857 年印度叛乱后，印度莫卧儿王朝的末代君主巴哈杜尔沙二世就被英国人送到了缅甸，在仰光度过了余生。这两个曾经的帝国互相接纳了对方的末代帝王，迎来了落寞的殖民地时代。

并吞了缅甸之后，英国人把这片新的殖民地作为英属印度的一个省进行治理，直到第二次世界大战以后才出现了新的转机。

第二十一章

印度支那

若你坐在还剑湖边的楼顶上喝一杯啤酒，或者在巴亭广场附近的饭店里用餐，会不由自主地承认，在越南，两千年的古城河内如今仍然拥有着王都的气质。

当我走在街道上，望见河内升龙城的北门时，那高大的城楼突然吸引了我。登上城楼，在街道的斜对面就是一座雄伟的教堂，而朝古城的方向是一片军事禁区，充满了神秘感。

城楼里供奉着两位守城英雄的牌位，他们是阮智芳（Nguyen Tri Phuong）和黄耀（Hoang Dieu）。两位英雄都和法国人的入侵有关。

1873 年和 1882 年，法国入侵者两次从越南南部出发，派出舰队在北方登陆，他们两次攻陷了河内城，将这座龙脉升起的地方抢到手中。当时，阮智芳和黄耀是河内城的守将，他们忠实地履行了自己的责任，在敌人进攻时顽强地抵抗着，城陷时则殉于国难。

越南人用原始装备与法国人展开战斗，他们根本没有取胜的机会，却选择战斗到底。现代人可以嘲笑他们以卵击石，却无法否认他们的英勇和顽强。

1840 年，当中国的国门被迫打开，当印度已经彻底沦为英国殖民地的时候，越南还处于光荣的独立之中。但从 1858 年开始，短短 30 年后，整个越南已经成了法国人的殖民地。不仅如此，法国还从泰国手中获得了柬埔寨和老挝，将三者合起来组成了法属印度支那。

这么短的时间内，法国人又是如何占领如此广大地区的呢？他们又为什么这么晚才动手？

　　当阮福映建立了阮朝之后，号称嘉隆帝的他在任上保持了对于西方的开放态度。但他死后，继位的明命皇帝采取了和中国鸦片战争之前同样的做法，禁止了基督教的传播，闭关锁国，拒绝自由贸易。到了绍治皇帝时期，这种闭关政策继续了下去。法国人突然发现他们几乎无法在越南立足了。

　　随着时间的推移，越南皇室对于任何西方人都不信任，特别是印尼群岛和马来半岛逐渐沦落到外国人手中之后。然而闭关锁国并不能将西方人长久锁在门外，反而让自己失去了崛起的良机。

　　与此同时，欧洲大陆发生的拿破仑战争间接帮助了亚洲的国家。当拿破仑的铁骑肆虐着欧洲时，荷兰已经被吞并，成了拿破仑帝国的一部分；英国也在与法国的战争中精疲力竭；而法国本身先是经历了大革命的混乱，到拿破仑掌权后又没有精力涉足亚洲事务，最后又被俄国绊住了手脚。当中国和越南试图维持闭关锁国的时候，欧洲人无暇表示反对，只能听之任之。

　　拿破仑战争结束后，法国人因为内部的经济、政治斗争，花了将近半个世纪才恢复元气。荷兰人虽然重新独立，但也元气大伤，对亚洲，它们满足于获得印度尼西亚众多的岛屿，再也没有精力管其他的地方了。英国人以印度为基地，正在设法吞并缅甸，在缅甸和越南之间还隔着泰国和柬埔寨，他们暂时无法涉足这个最边缘地带的国家。当所有的殖民国家都分不出手来的时候，越南的皇帝们还在做着美梦，迷信着自己的实力。

　　但是，一旦法国人缓过劲来，不再被国内和欧洲的事务拴住手脚，他们迟早会想起这个国度。经过百多禄时期的法国人已经对越南有了胃口，皇帝的禁止不足以把他们吓退。当英国、荷兰开始瓜分东南亚的时候，法国人意识到，只有越南、柬埔寨和老挝这些最东面的大陆地区是留给它们的。他们需要的只是一个合适的借口。

　　这个借口终于来到了，这时皇权已经由第四位皇帝嗣德帝继承。在历史记载中，嗣德帝是一位非常有道德的皇帝，他勤政爱民、遵守孝道、性情和善、勤奋好学，本应该成为东方君王的典范，而历史却如同玩笑一般将他变成了阮朝最不幸的皇帝。

19 世纪 50 年代是中国和越南强烈抵制西方基督教的时期，在中国发生了著名的西林教案，一位法国传教士马赖在广西西林被官方杀害，这件事直接导致了中英法之间的第二次鸦片战争。

而在越南，1851 年、1852 年两位法国传教士被杀后，法国舰队炮击了岘港。1857 年、1858 年先后有西班牙和法国传教士被杀，这事最终成为导火索。由于法国已经对中国开战，它并不介意在越南也进行一场小规模的军事行动，法国人和西班牙人联合出兵占领了岘港。不过，法国人垂涎的乃是南部的湄公河三角洲地带，他们没有继续在中部和北部用兵，而是在南方开展了一系列的攻势，把西贡和三角洲全部收入囊中。

当中国经历了火烧圆明园的惨痛，并签订了《北京条约》之后，越南也在1862 年被迫与法国人签订条约，法国人的胃口巨大，将湄公河三角洲（它们称之为交趾支那）的一半据为己有。1866 年，法国借镇压叛乱的机会，干脆出兵占领了整个越南南方，交趾支那沦陷。

此刻，越南阮朝仍然掌握着以河内为中心的北方地区（法国人称之为东京）和以皇都顺化为中心的中部地区（法国人称之为安南），法国人暂时没有触动这两个地方，而是盯上了下一个目标——柬埔寨。

随着吴哥王朝的结束，柬埔寨已经变成了一个人见人欺的小国家。它的东方是统一的越南，西方是重新崛起的泰国，在两个强大邻居的夹击下，柬埔寨的领土纷纷被占领，西贡和湄公河三角洲本来属于柬埔寨，但已经被越南割走了，而著名的吴哥城的西部，也已经被泰国人占领。

当法国占领了交趾支那后，柬埔寨的东邻已经换成了法国。法国人到了柬埔寨诺罗敦国王的宫廷，告诉他，法国人决定保护柬埔寨不受泰国的侵略。但诺罗敦刚刚经过了一次政变，是在泰国的帮助下才恢复了王位，对于法国人的建议，他只感到可笑。不过，在法国人的压力下，柬埔寨不得不承认法国的宗主国地位。这时，阴谋主宰了政治：法国和泰国通过秘密谈判决定了柬埔寨的命运，泰国决定放弃对柬埔寨的宗主权，把单一宗主权授予法国；而作为交换，泰国取得了柬埔寨西部的吴哥和马德望，一个国家就这样被瓜分了。

短短十年，法国已经取得整个湄公河下游地区。普法战争的失利让法国的并吞暂停了十年，之后又开始加速了。

这次，法国人盯上的是河内和东京地区。关于东京的局势，它和中国的太平天国运动还有密切的关系。太平天国失败后，许多零星的叛乱部队从广西进入了越南，在东京的山地里成为游击队，这些队伍被称为黑旗军。

黑旗军的历史充满了混乱，也充满了各种政治利用。法国人帮助越南政府镇压过黑旗军，也遭受过黑旗军与越南军队、清军联合的攻击。这样混乱的局面下，东京一带成为劫掠者的天堂。

1883 年，从普法战争中恢复过来的法国人终于决定再次对越南政府发起进攻，这次他们的目标是将越南整个变成殖民地。

在对顺化进行围攻时，倒霉的嗣德帝死去了，他被作为失败君主的典范为人们所铭记。但法国要想取得越南的宗主权却并没有在柬埔寨那么容易。中国不想像泰国那样轻易放弃宗主权，北京的皇室不惜为此一战。

中法战争爆发了，法国人打败了福建水师，占领了基隆和澎湖。中国在镇南关取得了一次胜利，却在接下来的攻势中付出了极其惨重的伤亡。战争的结果，中国放弃了越南的宗主权。

这样，法国人将整个越南置于"保护"之下，加上之前取得的柬埔寨，印度支那殖民地已经成形了。1893 年，法国通过与泰国的战争获得了琅勃拉邦地区，也就是现在的老挝，并逼迫泰国归还了柬埔寨的吴哥和马德望。泰国不仅丧失了柬埔寨的宗主权，连领土也只是吞进去尝了一下滋味，就被迫吐了出来，可谓赔了夫人又折兵。

这样，包括现代越南、老挝、柬埔寨的法属印度支那建立起来了。

2012 年，为了修改一部小说的草稿，我曾经在越南的小镇沙巴住了 20 天。沙巴位于北部与中国毗邻的山区，建在一个谷地的山坡上，对面就是越南最高峰番西邦峰。几十公里外的老街正经历着夏季的酷暑，沙巴小镇却日日凉风，舒适得如同天堂。绿谷宾馆是当地一家不大的旅馆，我占据了最高处直面谷地的一间客房，每天修改稿件累了，就出去坐在客房外的阳台上，喝着啤酒，望着眼前的山谷。在山谷里遍布着法式的小洋楼，只有这时，才能体会到法国殖民时期对越南影响之大。

　　不仅仅是沙巴，在越南的任何地方，其建筑都或多或少带着法国人的风格。甚至越南现在使用的拼音文字都是法国人创立的，并在殖民时期取代了根据汉字创立的字喃系统，使得越南与中国文化的关系更加疏离。

　　越南被殖民的历史或许反映了整个东南亚的命运：它们最早受到印度文明的影响，接受了印度的宗教和贸易，之后又受到中国文明的影响，接受了中华帝国的政治思维和文化传统。进入近代后，印度和中国都已经衰落，不管它们是自愿还是被迫，西方文明的影子已经悄然跟上了这个古老的半岛。

第八部

当传统遇到现代

第二十二章

泰国模范生

2013 年的春节期间，我在泰国等待着飞往缅甸的机票。

距离起飞的日期还有一个星期，我决定利用这段时间走一趟泰国南部海岸。在泰国的旅程中，到南部看海是花费最高的一段行程，我却准备用最少的钱来完成。于是，剩下几天的夜间我大多在火车上和候车室里度过，只有在普吉岛的那一夜，住进普吉城的家庭旅馆里。

与汽车相比，泰国的火车速度并不快，但三等车厢的票价便宜。铁路以曼谷为中心，向着四个方向延伸，乘火车旅行非常方便。

从华兰蓬车站出发前，我游览了曼谷的唐人街。临近春节，这里已经充满了浓浓的年味，街道上挂满了庆祝春节的横幅，写春联的老人在街边铺开红纸，拥挤的人行道上也挂满了各种节日商品。

泰国的华侨众多，从明清时期开始，大量华侨就来到了这片土地，与当地人融为一体，却又保持着华人的传统，传统的中国神祇，都被他们带到了这里。

从华兰蓬车站出发后，我的南方之旅也一直在浓厚的华人氛围中徜徉。列车到达苏拉塔尼（Surat Thani）后，我转汽车到了普吉岛，普吉老城也是华人聚集的地方，街道上挂满了红灯笼和标语。

在巴东海滩上逗留之后，我乘车回到苏拉塔尼，坐火车继续南行，到达合艾（Hat Yai），转车去了宋克拉（Songkhla）。宋克拉在半岛的另一侧，面对的大海已经不是浩瀚的安达曼海，而是暹罗湾的一部分了。天黑时，我回到了合艾，与三位马来西亚青年睡在车站。夜间，小站已经没有了列车，所有的工作人员都已经下班，站台上万籁俱寂。

在睡觉之前，我去合艾的城里逛了逛。繁华的城市商场正在表演舞狮子。

不知不觉间，我竟然到了一处庙会，接触到了当地华人的社团组织。在泰国华人社区，许多慈善事业是由民间机构来组织的。

合艾有一个叫作同声善堂的慈善机构，这天，善堂外正在举行庆祝春节的庙会。善堂外的广场和街道上有四处表演场：中心场是当地居民组织的表演晚会；而从外地请来的戏班正在一个戏台上表演中国戏剧；在另一个高台上，一个滑稽班子正在表演泰式喜剧，内容是关于阿瑜陀耶王朝的宫廷故事；在一段封闭的街道上，一群摇滚青年正在举行嘈杂的演唱会。表演之外，则是闻风赶来的各种食品和百货摊。合艾的华人仿佛全体出动，流连于庙会上，庆祝春节的来临。

虽然是春节时分，但在善堂以内，慈善机构仍然在有条不紊地运作着，施药处排着长队，还有人在施棺处询问着什么。对于华人来说，死后是否体面是一件大事，穷人的棺材也被包含在慈善事业之内。站在善堂的大厅里，我仿佛看到了过去，从明清以来，海外华人就有抱团的传统，有华人的地方就有这样的慈善机构，使得个人更有机会在海外生存下去。

庙会散场后，我回到了合艾的火车站，休息时仍然在思考着泰国的舒适和安详。泰国不仅对于华人是乐园，对于其他的国民而言，也是一个不错的地方。

泰国也是东南亚唯一没有经历过殖民的国家，一直保持着独立和政治稳定，泰国的货币不仅可以在本国使用，在柬埔寨和老挝也可以直接使用泰铢，是一种区域性货币。

那么，为什么泰国没有被殖民呢？它又是怎样从一个传统的东亚政权转变成现代民族国家，又是怎样实现经济发展的呢？

阿瑜陀耶王朝被缅甸毁灭之后，一个叫郑信的人登上了泰国的舞台。郑信在泰国历史上被尊称为五大帝之一。五大帝除了素可泰王国的拉玛甘亨、阿瑜陀耶王国的纳黎萱之外，还包括吞武里王朝的郑信（达信），以及现在的仍在统治泰国的曼谷王朝的拉玛四世（蒙固王）和拉玛五世（朱拉隆功王）。

灭亡阿瑜陀耶的缅王孟驳是一个雄心勃勃的君主，除了与阿瑜陀耶作战之外，他还把战争的火焰燃烧到中国清朝的边境。攻下阿瑜陀耶后，他不得不回到缅甸准备迎击清朝乾隆皇帝的军队，无法留太多的军队驻守泰国。

泰国将军披耶达信原名郑信，祖籍广东澄海县华富村。他的父亲是一个破产的农民，漂洋过海到泰国落脚，依靠贩卖水果、包揽赌税为生，娶了一位暹罗的姑娘，生下了郑信。

父亲过世后，郑信被一位暹罗的大臣收为养子，长大后成为一名将军，在泰国，人们称他为披耶达信。1767年缅军围困阿瑜陀耶时，郑信也在城中。在一次突围中，郑信率军冲出城池，与缅军作战。但在他的身后，城内守军为了防止缅军突袭，竟然关闭了城门，使得郑信无法回城，只得带兵杀出重围，向南方撤退。

一路上，他不仅击退了缅甸的追兵，还收编了不少泰国的地方武装。随着实力的增长以及阿瑜陀耶的陷落，郑信决定登基称王，举起了抗缅的大旗。

事实证明，缅甸虽然可以毁灭阿瑜陀耶，却无法建立稳固的政权。在郑信和各路义军的攻击下，缅人撤退了，泰国重新获得了独立。为了防止敌人再次包围，郑信把首都从阿瑜陀耶迁往南方一个叫作吞武里（位于曼谷的西部）的地方，他建立的短命王朝也因此被称为吞武里王朝。

郑信一生南征北战，不仅将缅人拒之国门之外，还将老挝的琅勃拉邦、万象和占巴塞王国从缅甸手中夺了过来。

然而，过于自信的他最终却受到了惩罚，在派兵攻打东部的柬埔寨时，由于泰国内部军力空虚，又出现了市民起义，失去了军队的他在叛乱者的威胁下退位当了和尚，并最终被杀害了。

他的好友，在柬埔寨率领军队的昭披耶却克里，乘机率军回来平息了叛乱，登基成为新的国王，号称拉玛一世。随同拉玛一世一同崛起的还有一个小小的村庄曼谷。湄南河将郑信的首都吞武里和曼谷隔开，为了表示与前朝的不同，河西岸的吞武里被废除了，河东岸的曼谷最终成长为东南亚的中心。当穆奥来到泰国的时候，称曼谷是"世界上最美和最大的港口之一……并不亚于甚至像纽约那样驰名的港口"。

拉玛一世建立的新王朝被称为却克里王朝，也叫曼谷王朝。曼谷王朝建立的时候，正是英国人在印度急速扩张之时，几十年后，法国人开始在印度支那寻找立足点，荷兰人占据了印度尼西亚，而英国人最终也并吞了缅甸和马来西亚。

位于东南亚中心位置的泰国地处交通要冲，拥有着优良的港口和肥沃的土地，自然也成了西方国家觊觎的对象。但这时，曼谷王朝出现了两位著名的父子国王，正是他们用走钢丝的技巧在英法两大强国之间游走，保持了国家的独立。与此同时，他们又有极大的魄力和开放的胸襟，向西方学习。两位国王放弃了许多特权，建立了一套较为合理的制度，从而开启了泰国的现代化之门。

这两位国王分别是拉玛四世蒙固王和拉玛五世朱拉隆功王。在拉玛四世之前的三位曼谷王朝国王，秉持的是闭关锁国的传统。这其中又以开国皇帝拉玛一世为甚。

老国王基本上拒绝了一切与西方合作的形式，他不和西方人做生意，也不准许他们传教，甚至不许他们在泰国居住，他想通过这种方式来维持一个传统的佛教社会，保持他认为的世界上最优秀的文化传统。这时的泰国也和他的仇敌缅甸一样，充满了中世纪的自豪感和自闭心，仿佛只要闭上眼睛，外面的世界就不存在了。

然而，到了他的儿子拉玛二世时期，新国王已经看到，泰人王国无法不受到西方的影响。英国人已经在印度获得了大片的殖民地，并在逐渐蚕食着它的邻居缅甸，缅甸这个曾经令泰国人闻风丧胆的国家，正在被西方人一点一点肢解，并最终被吞并，这样的过程虽然持续了多年，却让泰国人看得心惊胆战。

西方人与泰国打交道是困难的，最初英国人在泰国的待遇并不比在中国受到的更好。但接下来，他们终于在1826年与泰国签订了一个"友好"协议。这个协议在非常有限的问题上做了让步，给予西方人一定的贸易权，但距离自由贸易还相差甚远。

如果按照前三位国王的做法，泰国与西方之间迟早会爆发剧烈的冲突，并导致西方的入侵。然而就在这时，随着拉玛四世的上台，整个局势出现了巨大的变化。

拉玛四世蒙固王是拉玛二世的儿子，曾经是王位的继承人。老国王按照传统的王位继承人标准精心培养着这个儿子，在他12岁时让他担任了武装力量的统帅，14岁时，又让他当了几个月的和尚，培养他的慈悲和博学。然而，当老国王死去的时候，蒙固王的一位兄弟却被推举为新的国王，是为拉玛三世。

在拉玛三世进行统治的 27 年中，未来的王位继承人却开始了自己的游历生涯。他广泛地学习西方的知识，不仅学习拉丁文和英语，还学习地理、物理、化学、数学、科技和天文学。在他的游历中，他经历了人生的各种酸甜苦辣，从王公贵族到底层人民都有着广泛的接触。蒙固的游历时代如同歌德笔下的教育史诗，使得他成为一个非同寻常的王室继承人。他摒弃了传统的宫廷思维，开始站在一个更加全面的视角考虑问题，认识到泰国的出路在于改革和学习。

1851 年，经过漫长的等待之后，拉玛三世去世了，蒙固王继承了王位，是为拉玛四世。蒙固王随即开始了他的改革历程。

和他后来的儿子相比，蒙固王是一个乐天派。英国人听说他继位了，连忙派人前来曼谷祝贺，这一点已经突破了英国和暹罗条约中的限制。但蒙固王没有在意，还主动致信表示欢迎。除了热情地接待英国人之外，针对英国人对原来条约的抱怨，蒙固王还爽快地答应进行修改，连英国人都感到过于顺利了。

在新条约中，蒙固王给予了英国领事裁判权，将所有港口对英国人开放，允许英国人长期在曼谷定居、在泰国自由旅行，并限定了税收的额度。他还准许外国人自由传教，甚至允诺在政治上平等地对待所有宗教。

这个颇为大胆的条约引起关注，其他一些国家也与泰国签订了类似的条约。

接下来，蒙固王废除了王室的那些繁文缛节，不再要求觐见者匍匐在他的面前。他出现的场合也不再要求人们回避，他要做个亲民的君主。接着，他效仿法国人开始发行铸币，并大力发展交通、革新军队，减轻了拖累民间的繁重徭役，限制买卖奴隶。

在他的影响下，西方关于平等、自由的观念逐渐传入了泰国，为未来进一步的改革创造了条件。

但他的时间已经不多了，1868 年，他染上了疟疾，这个病使他所有的梦想都要交给后来者去完成。

蒙固王对泰国持久的贡献，还在于他对王室教育的重视。他聘请了一位英国女士安娜·里奥诺文斯担任宫廷教师，让王储熟练地掌握英语并接受西方世俗教育。在《汤姆叔叔的小屋》这样的文学作品的熏陶下，年轻的王子朱拉隆功成长为一个信奉民主与自由的人，日后，正是这位王子带领着泰国保持了独立，又走向了现代。

和他父亲的乐天比起来，拉玛五世朱拉隆功王更加实际，也更注重效果。这与他们处于西方殖民思想的不同发展时期有关。

在蒙固王时代，英国人基本上和泰国保持着较为和平的共处，但当蒙固王去世时，形势发生了变化。在泰国东面，法国已经攫取了大片的土地，并最终将整个印度支那、老挝和柬埔寨收入囊中。在泰国的西面，英国人即将打败不可一世的缅甸贡榜王朝，将缅甸变为它的殖民地。在泰国的南面，英国人也占领了新加坡，并顺着马来半岛向北发展着势力范围。在英法两强的合围下，想要保持泰国的独立简直是无法完成的任务。

朱拉隆功的态度是极为务实的，甚至带有很浓的悲壮色彩。为了保持泰国的独立，他甚至不惜将泰国对周边属国的控制权拱手相让。他把老挝、柬埔寨的宗主权让给了法国，使得法国可以建立一个包含了越南、老挝和柬埔寨的殖民地；他将几个以马来人为主的省份让给了英国的马来西亚。在让出这些领地之后，他利用英法竞争的矛盾，把泰国塑造成两大势力的缓冲地带，并使之得以生存。

在解决生存问题的同时，朱拉隆功还和他的父亲一样，注重解决泰国的发展问题。

首先，在教育上，他采取了比父亲更加开明的做法。他的父亲聘请外国老师来给王子们上课，朱拉隆功则直接把孩子们都送往国外接受教育。他的孩子由于生活在西方，对于西方的制度和科学技术都非常熟悉，从而能够进行改革。也正是从这时开始，泰国王室的子女到海外接受教育成为传统。除了自己的孩子之外，朱拉隆功还鼓励自己的臣民去海外学习，他设立了奖学金支持那些有能力但家境一般的人，并兴建了许多学校，提高臣民的教育水平。

其次，除了把自己的臣民送出去，朱拉隆功本人也热衷于去国外考察。他刚继承王位的时候，就到周边的新加坡、印度尼西亚、印度等地考察；执政之后，更是去了两趟欧洲，将欧洲主要的国家几乎都考察了一遍。

除了泰国，只有两个国家在转型的过程中有如此的魄力，他们是彼得大帝时期的俄罗斯和明治时期的日本。彼得大帝乔装打扮到西欧考察的桥段已经为人熟知，日本政府也曾经派出半个内阁去欧洲考察，去学习西方的政治制度，并进行立宪。朱拉隆功的开放力度并不比俄罗斯和日本小。唯一对泰国不利的，是它的地理环境，俄罗斯有庞大的后方，日本则通过海洋与世界隔离，形成了足够的保护，但泰国的四周都是英法的殖民地，它的发展受到了严格的限制，即便如此，泰国仍然成了整个东南亚发展最好的国家。

朱拉隆功还废除了奴隶制，废了沉重的徭役制度，这使得泰国的经济结构发生了巨大的改变，将人们的热情激发出来。在政治上，他通过加强司法、建立顾问机关等方式弱化了专制色彩。到第二次世界大战之后，顺着这个趋势，泰国终于建立起了责任内阁制。

1910 年，当朱拉隆功去世时，泰国已经发生了翻天覆地的变化。一个外国人如果在拉玛四世之前到过泰国，假如他活得足够长，能够在朱拉隆功之后再回去看一看，他会发现，泰国已经从一个传统专制政权逐渐转变成东西方混合模式的政权。

在泰国正在努力实现现代化的时候，它周围的国家，那些曾经威名赫赫的帝国，却早已沉沦在殖民地的阴影之中：越南抵抗失败后，再也无力对抗法国人的入侵；老挝和柬埔寨也已经沦陷。相比起英国殖民地，法国殖民地更加靠近于君主制，每一个总督就像一个国王，给殖民地带来无数祸患。曾经强大的缅甸也已经不在了，取而代之的是英属缅甸，不，实际上英国人只把缅甸定位成英属印度的一部分，他们认为从地理上缅甸只是印度的一个突出部罢了。

我走在曼谷的街头时，一种浓浓的怀旧情绪挥之不去。

在亚洲的许多国家，由于经历过殖民地化和制度的强行移植，那段历史都已经被分割成不连续的片段。而泰国的一切都仿佛是连续的，在曼谷的街头，现任国王的肖像仍然挂得到处都是，体现了人们对于国王拉玛九世的爱戴。

　　朱拉隆功王当年建立的中学仍然存在，拉玛三世建立的柚木官仍然免费开放，欢迎着众多的佛教信徒，在宫殿里，国王仍然和家人享受着和平与安宁。在国防部的大门外，一门门大炮仿佛列阵等待检阅，这些大炮有着悠久的历史，却和谐地与车水马龙的街道融为一体。外国人和本国人在街道上穿梭，他们都安逸而沉着，这里仿佛是所有地球人的家园。

　　有的外国人为了学佛而在泰国长期居留。泰国宗教也是仁慈的，只要愿意，人们都可以在这里选择出家，并获得五年到十年的居留权。当然，还俗也是自愿的，只要想离开，随时都可以走。这样的政策也仿佛是古代的延续，于是，佛教精神和现代社会也合而为一了。

　　这里是一个获得内心宁静、学会慢生活的所在，它也许带着许多缺陷，却总是在一个人需要休息时，宽容地接纳他，让他有时间和空间去思考人生的下一步。这或许就是人们喜欢泰国的原因，蒙固王和朱拉隆功王如果能够预料到今天，也该含笑了。

第二十三章

印度支那的爱情和战争

如果人们问我，越南最美的景致在哪儿，我会回答：下龙湾。

这里已经成为越南旅游最红火的地方，不管是周末还是周中，不管冬天还是夏天，到处是匆匆而过的游客。这里中国游客众多，大团大团的人群在导游小旗帜的带领下亦步亦趋，我感到仿佛还是在国内旅游。这里的物价也是整个越南最高的地方。

但不管它有多少缺陷，下龙湾仍然是世界上最美的地方之一。

当你乘上当地人的小船，穿梭于海中那数千座石灰岩组成的小山时，才能体会到什么叫步步是景。傍晚时，看着太阳从海平面上、礁石的中间慢慢落下，夜里在船上边喝着啤酒边望着船上那黄色的灯光，听着海浪拍打着礁石，才知道什么是人间仙境。

那天，我乘船从下龙的港口前往吉婆岛（Cat Ba Island），这是一个能够最简单欣赏下龙湾的方式。在这儿，我碰到了两位特殊的游客，一位美国小伙儿带着他的越南女朋友，他们在中国读书相识，都能说一口流利的汉语。女孩的皮肤雪白，仿佛乳酥一般湿润，她戴着一顶花帽，看上去更像是香港或者东京街头的女孩。不知为何，我想到了一个人，那人曾经和一位法国军官在下龙湾的小舟里飘荡，躲避着巡逻的船只……

船带着游客从码头出发，先停在了两座如同覆钟般的岛屿旁，这里有下龙湾最容易到达的溶洞，洞内灯光璀璨，将普通的钟乳石打扮得如同龙宫一般华贵。恩爱的小两口一直走在我的前面，欣赏着这难得的美景。这里在越法战争时期曾经是越共藏身的地方，有的地方还写着汉语的标语，或者留着避难所的痕迹。在北越和老挡的山上有众多的溶洞，它们大多承担着战时庇护所的角色，于是世界上最奇异的美景和最可怕的战争在这里相会了。

从溶洞出来，游船载着我们到达了一个小小的海湾，这里四面环绕着美丽的石山，海水宁静得宛如一面镜子。游船在这里抛下锚，有的游客坐着小艇去另一处玩划艇去了。我则坐在船上，望着周围的景致，继续回想着那个和法国军官飘荡的女孩，电影上，他们的船也经过了这里，只是，那时的他们正在躲避着通缉……

这是电影《印度支那》中的一幕。在来越南之前，我请一位熟悉电影的朋友给我推荐几部越南的片子。"陈英雄，最著名的导演是陈英雄。你可以先看他的《青木瓜之味》，再看他别的片子。"她推荐给我说。

于是我看了《青木瓜之味》，差点儿睡着。我实在看不懂对着木瓜拍半天的认真和对于无聊琐事的兴致，陈英雄的其他片子也就作罢了。

随后我找到了这部《印度支那》，竟被电影深深的悲剧色彩和画面感所吸引了。电影中所描写的越南之美和越南的悲剧让人久久不能摆脱。我看到越南女孩时，感到她们和卡米尔一样迷人。卡米尔就是那位爱上了法国军官的越南女孩。

卡米尔的形象也让我想到了那位叫范林丹（Linh Dan Pham）的演员，这位胖乎乎带点婴儿肥的小姑娘把卡米尔诠释得如此完美，让人唏嘘不已。从表面上看，她是位带点天真、不谙世事的小女孩，可是眼神中又透露出作为女人的执着和疯狂，能够为认准的事情付出一切代价。用她来代表法国势力在越南的衰落无疑是最合适的，当人们为印度支那殖民地生活被颠覆感到惋惜时，也为这个纯洁的小姑娘变成坚定的战士感到无奈。

还是让我从头回顾一下电影的内容。实际上，当我坐在下龙湾的船上，就把那部电影在脑子里重新温习了一遍。

在故事的开头，一位叫艾莉亚娜的法国女士在越南继承了一个庞大的种植园，虽然她是法国人，但她的大部分时间是在印度支那度过的。如果历史按部就班地走下去，她也许还会在印度支那老去，并葬在那儿，这或许也是她的心愿。古老的、仿佛静止的印度支那适合那些怀旧和游离的人，是他们与现实世界隔开的庇护所。在这里，她还有一个带着越南皇家血统的养女，名字叫卡米尔。两个不同种族的女人变成了亲人。

一次偶然的机会，艾莉亚娜和一位法国军官巴普蒂斯塔相爱了。军官的年龄不大，长相英俊，却迷恋着比他大很多的艾莉亚娜。然而，另一次偶然的机会，巴普蒂斯塔救下了在街道上被误伤的卡米尔。年轻、幼稚的姑娘从第一眼开始就喜欢上了这位军官，她不知道军官是自己养母的爱人。

到这时，一切都顺着法国电影的老套路进行着，仿佛又是一出发生在异域的家庭伦理剧。但突然间，电影跳出了旧的框架，变得慷慨激昂起来。

艾莉亚娜决定成全军官和养女，主动疏远起自己的爱人，但巴普蒂斯塔并不知道她的心意。他们之间的争吵被巴普蒂斯塔的上级看见了，于是军官被从越南南方直接送往越南最北端的下龙湾。那时的下龙湾是最荒凉最贫穷的地方，只有最不听话的军官才会被送到那儿与世隔绝。

就是在那儿，巴普蒂斯塔开始发现了现实的世界：他被派去监管那些卖身的越南人。北方的越南人吃不上饭，把自己卖给南方的种植园园主，而法国军官则负责维持卖身场的秩序，防止出现意外。巴普蒂斯塔不知道的是，当他在北方作着内心斗争的时候，南方的卡米尔也作了一个惊人的决定。

她得到了未婚夫（一位留过学、带着新思想的越南人）的同意，决定去北方千里迢迢寻找自己的真爱。她抛弃了家庭和可能继承的一切，偷偷地上了火车，向北方赶去。

在路上，卡米尔遇到了逃难的一家，也看到了越南土地上发生的各种不公和悲伤。法国把越南变为殖民地之后，只是将越南作为一个可以产生利润的地方，从没有想过要平等地对待越南人，当时的越南成了一个天堂和地狱共存的地方。当上流社会在灯红酒绿中翩翩起舞的时候，下层人民却在温饱线之下挣扎，为了活命不得不接受各种苦差，并随时可能遭到殴打和驱逐。

当卡米尔随着那一家人逃到下龙湾时，那家人不得不参加人身拍卖，希望到南方的种植园去求生。但这时，他们却遇到了骚乱，卡米尔的朋友们被法国人抓了起来，绑在了水中。

卡米尔与她心上人相逢的时候，恰好看到了朋友们的遭遇，她失手用枪打死了一名法国军官，变成了法国殖民政府的罪犯。

巴普蒂斯塔虽然是法国的军官，但在职责和道义之间，他选择了后者。他带着卡米尔开始了逃亡生涯，也就是在这时，电影中出现了那幅经典的画面，在如仙境一般的下龙湾上，漂荡着一条小船，船上的两个人却都变成了逃犯，已经饿得奄奄一息。绝美的风景和晦暗的命运交织在一起，或许也暗示了越南这个地狱天堂的命运。

他们在逃亡中相爱了，生下了一个儿子。然而随后，巴普蒂斯塔和儿子被法国政府逮捕，送回了南方。军官选择了自杀，把婴儿留给了在南方苦苦等待养女消息的艾莉亚娜。

艾莉亚娜最后听说，自己的养女卡米尔也被捕了，被判了苦役。她想救她，却无能为力。

与此同时，法国在越南的政权也在崩溃，曾经殖民者的天堂已经变成了噩梦，处处是游击队的袭击，处处是越南人的不满。

到卡米尔获得大赦出狱的时候，艾莉亚娜在监狱门口看到了自己的女儿。这时的卡米尔已经在监狱中成长为一位坚定的战士，她把曾经的养母推到了一边，冷静地告诉她：快回法国去吧，这里已经不是你的越南了。

如果要把法国人在越南的历史浓缩成一句话，或许就可以使用卡米尔的这句话。

在老挝，我还碰到了一位法国人 Nikko，他随身带着一本法文书，我看不懂法文，却能从似曾相识的单词中猜出他的书是写法属阿尔及利亚历史的。法国人在失去越南之后，又失去了在非洲的领地阿尔及利亚，这本书就是讲法国人统治时期的阿尔及利亚。

Nikko 热爱历史，他的祖父母都曾经在阿尔及利亚生活过。阿尔及利亚独立时，他们把那儿的一切都扔下，跑回了法国，他们曾经在那儿奋斗了大半生，却什么都没有带走。回到法国后，作为外来户的他们并不受欢迎，只能从头开始打拼，对于这些殖民地回来的人来说，重新生活的难度之大可想而知。

Nikko 告诉我，戴高乐在外界都是被当成第二次世界大战的英雄崇拜的，可是，对于阿尔及利亚法国人来说，戴高乐却是懦夫的代名词。因为在法国政府宣布放弃阿尔及利亚一周之前，戴高乐刚刚去过阿尔及利亚，并对当地的法国人宣布，法国政府不会放弃这里，也不会丢下他们不管。

但事实是：一个星期之后，非洲殖民地的法国人就只能自己想办法逃走了，稍微犹豫就可能被群情激愤的当地人杀掉。

在越南，法国的离去也经历了相同的场景，或许更加悲惨，因为法国人是在输掉了一场关键战役后灰溜溜地离去的。

我曾经在 2012 年去过奠边府，那是一座位于越柬边境附近的小城，如今的城市已经变成了一座巨型的纪念碑，在高耸的小山顶，有一座雄伟的纪念雕塑，纪念着奠边府大捷。对法国人来说，这是一场严重的失利。

尾　声

在越南的西宁（Tay Ninh），耸立着一座蔚为壮观的大庙。

在寺庙的正中，是他们崇拜的高台神，神的形象是一个框在三角形中的巨眼，如果你有一张一美元的钞票，钞票上也有一个与寺庙中如出一辙的符号。发端于越南的高台教认为，除了这个高台神之外，世界上其他的神或者圣人，都是它的一种表现形式。于是，在寺中还供奉着一系列的牌位，耶、道、释三家，孔子、姜尚、耶稣、老子、佛陀占据了较高的位置，而低处还供奉着观世音、李白、关公、牛顿、雨果、莎士比亚、丘吉尔、孙中山和克里蒙梭（第一次世界大战时的法国总理）。

参观高台教的寺庙也仿佛是一场奇异之旅。那是一座如同教堂一般的巨型建筑，带着两个罗曼式的塔楼。寺庙内的景象更令人震惊，在大厅里两排装饰华丽的蟠龙柱上，巨大的龙头怒视着参观者，令人在盛夏中也能感到一股寒气。大厅的前室有一个小小的壁画，上面画着孙中山、雨果和越南诗人阮秉谦，号称"三圣"。

大厅里不间断地举行着仪式，穿着红色、黄色、蓝色长袍的道长们如同从古代传说中跳出来一般，透着仙风道骨，他们引领着人们祈祷，钟磬之声叮咚作响，仿佛终南山上神圣又悦耳的音乐。

在去往西宁的路上，和我们同乘汽车去往寺庙的人中，有被炸掉了手指的老年人、质朴的中年妇女，也有一些年轻人。除了西宁的祖寺之外，在路边还可以看到许多小的寺庙建筑，可见高台教在这个区域的盛行。

佛教、基督教等传统宗教也都回潮，在西贡的居民区里，几乎家家户户都会供奉一尊佛像或者菩萨，这显示出民间信仰的旺盛。

在泰国清迈府中通县（Chong Thong），我误打误撞进了一家寺庙禅修了七天，却找到了久违的宁静。

我去中通寺最初的目的是去见一位越南遇见过的朋友。当我从柬埔寨到达泰国后，听说他在泰国的一座寺庙里禅修，于是前往寺庙见他一面，寄希望于把酒言欢。

然而到达寺庙后，一位来自台湾的女师父善惕雅尼接待了我，告知朋友在寺庙禅修，不能会客。唯一能够见他的方法，是我也来寺庙禅修一段时间，这样就能在禅修室内见到朋友。当然，饮酒是不被允许的，不管怎样我必须打消把酒言欢的念头。

于是，我这个偶然来到中通寺的无神论者在善惕雅尼师父的指导下，禅修了七天。

出乎我的意料，在这里我见到了另外一个泰国。当旅行者匆匆来到曼谷、清迈、普吉、芭提雅，他们获得的印象是，泰国是一个有着美丽海滩、众多佛寺、充满诱惑的地方，但寺庙却给我们提供了一个观察泰国社会最好的窗口。在这儿，我才知道，泰国虽然是东南亚最西化的地方，却也是将佛教慈善传统保持得最好的地方之一。

寺庙在泰国社会中意味着什么？

一座寺庙就是一所慈善机构，富人们把钱捐献给寺庙，再由僧人们免费施舍给穷人。泰国人有着乐天知命的性格，乡间的人们大多拥有着永久产权的土地和房屋，有了多余的钱再买辆汽车，就可以幸福地生活在这片慷慨富裕的国度。再有了多余的钱，人们就贡献给寺庙，通过这个慈善机构转移给更需要的穷人。

一座寺庙还是一所大学。佛教的知识系统庞杂宽阔，更加上佛寺内还传授医学等实用知识，即便西式教育成为主流的今天，泰国人仍然有到佛寺短期修行的传统，甚至连王室子弟在青年时都会进入佛寺。现任国王拉玛九世青年时就在曼谷出家。中通寺除了我们这些带发的禅修者，还有许多外寺的僧人，他们如同是现代大学里的访问学者，来到寺内只是为了学习一两门佛教经典，学习完毕通过了结业答辩，就会奔向下一个寺庙学习新的知识。

在禅修时，我处处能够体会到泰国人的友好和宁静。每一位寺庙中的人都保持着微笑和开朗的心境，时时做好帮助别人的打算。他们温和而不偏激，从不强迫不信佛教的人接受教义，也不拒绝任何人前来聆听，修行是自己的事，一切随缘。当泰国人把这种心态带到生活之中时，佛教社会特有的谦恭和温和就形成了。

除了善惕雅尼师父之外，我还认识了一位中国大陆来的短期出家僧，以及几位去过中国、会说汉语的僧人。他们带我参加晚课，请我去舍利塔练习禅静，成了我最好的向导。一位在同一禅修室的老妇人看到我的裤子过紧，坐禅不方便，立即送给我一条宽松的裤子。每天吃饭时，总有人拿着好吃的在桌间布施，不管认识不认识，均相逢一笑，将食品留在桌上，整个过程不言一字，却尽显友善之情。

在缅甸的仰光，我碰到了几位韩国的大学生。他们受一家韩语学校的邀请，到仰光与学校的学生们进行交流。经他们允许后，我观摩了他们的交流活动。

由于缅甸政府的改革开放，除了众多的商人们纷纷赶往缅甸寻找机会之外，这样民间的文化交流也迅速展开。

缅甸学生大约去了三四十人，他们都是韩语学校的学生。就像当年中国刚刚开放时一样，人们对外部的一切都充满了好奇心。唯一不同的是，当年中国最流行的仍然是军装和蓝布衣裳，而在教室里的青年人却早与国际接轨，穿上了牛仔裤和 T 恤衫。

韩国的学生们买了饮料与学生们分享着，他们交流的题目也是五花八门，韩国青年的题目大多是和生活相关，比如缅甸人如何看待外面的世界，他们对家庭的态度如何，他们是否愿意要孩子，而缅甸青年则希望了解外部人怎么看待缅甸的改革，以及怎么评价如今的政府。他们的交流没有任何禁区，缅甸的青年们虽然显得稚嫩，却有足够的自信。

一位韩国青年韩语夹杂着英语说着，使得每个人都能了解他说的话，现场唯一了解不全的是我，因为我不会韩语。我多么希望在中文学校里也有这样的活动，让缅甸青年对这个地域广大的北方邻居也有了更深入的了解。只有这样丰富多彩的民间活动开展起来，才能拉近彼此的距离。

在一家缅甸的超市里，我查看着货架上的商品。这里如同是万国博览会现场，日韩的电器和化妆品、泰国越南马来西亚的休闲食品、印度的日用品、中国的小商品和小家电，夹杂着一些美国和欧洲货，都出现在了缅甸人的面前，而缅甸本身生产的，在整个商店里不超过20%。缅甸的商品只涉及原材料、最简单的加工品，稍微复杂一点就要依靠进口。

老挝仍然是一个令人羡慕的国度，人们生活在悠闲自得之中。那儿的商品也和缅甸一样，大多来自国外，甚至依赖比例更高，但老挝人似乎并不在意，也没有办法，他们的人口实在太少了，不到650万，赶不上中国的一个大城市。

在老挝的餐馆里吃饭，即便点一个最简单的菜，也需要等上半天，哪怕馆子里是空的，没有其他客人，等待时间却无法减少。我好奇为什么会这样，于是在万荣时专门找了一家街边店，能看见老板娘准备食品。我点了一份炒饭，她只有我一个客人。依靠这种近距离观察，我可以使自己的好奇心得到满足。

只见她先费了半天劲找了一块肉出来，每切一片下来都要花10秒钟，大概每切一片心里在盘算切下来的是否已经够多了，切了5片之后，她开始慢慢吞吞把5片肉切成更小的丁，可切了一半，又觉得肉少了，于是又切了两片下来，继续切丁。

之后是切豆角、白菜，都花了超乎想象的时间，等这些东西都准备完了，也过去好几分钟了。如果是在中国或者泰国，炒饭这时早该上桌了。

但可爱的老板娘还在挣扎着，她开始找油，花了点工夫才找到油，点上火，把油倒在锅里，突然发现米饭还没有拿，然后又得花半分钟去找电饭煲里的米饭，找碗，把米饭装到碗里，装完之后，她突然又觉得没有装够，最后决定把电饭煲拿到炒锅那儿去。这时候炒锅里的油已经开始冒烟了。

可她刚准备炒饭，又发现鸡蛋忘拿了。又花了好久去拿鸡蛋。她找什么都需要花时间，因为对于要找的东西她都不知道放哪儿了。

等把菜、肉和米饭都倒进锅里，找酱油又花了不少时间。

这时候来了个客人，她去照顾了一下，把铲子交给她的孩子，她的孩子不知道该做什么，只能装模作样地翻腾一下。

两分钟后等她回来，突然记起来应该给我倒水，于是叫她孩子给我倒水，她孩子慢慢吞吞跟她一样，倒水花了三分钟。

这时候，她突然又觉得肉不够，又跑去切了两片肉，切丁，撒到锅里。我感激地望着她又放一次肉。但这意味着又要多炒一会儿，等待着新的肉变熟。

又等了一会儿，好不容易等到了关火时间，我以为马上就可以吃饭了，谁知她又花工夫去找盘子，等把盘子拿到锅边，她突然又花了半分钟去找一个大小合适的碗，把炒饭先放到碗里，再扣到盘子里。

我以为这次终于好了。可她又花了好久找了根黄瓜出来，给黄瓜削皮花了两分钟，然后切片。又摸出个柠檬，切一半放盘子里。又磨磨蹭蹭地给我倒了一碗水，花了很久切了几片香菜叶子，放了点盐，算是汤。这才一起端上来。

为了一碗炒饭，整个过程大概花了半个小时。按照一天工作八小时计算，她大概可以做 16 份炒饭。

但这份饭的味道却出乎意料的好吃，吃完后很久我还在想，到底她的哪道工序让炒饭增加了滋味？

今天，这些国家的人们都按照自己的节奏生活着，它们的政治制度各异、生活方式不同，唯一能将他们联系在一起的是宗教，除了越南之外，四个国家都信仰南传佛教。

但从历史整体上看，这个地区已经进入了最好的时代之一，战争已经远离了大部分地区，与战争频仍的半个世纪前相比，现在的人们已经习惯了和平的日子。

读书至此，也许我们能感受到，历史的价值不是为了让人愤恨，而是为了更加理解此生，珍惜这来之不易的当下。

图书在版编目（CIP）数据

三千佛塔烟云下：东南亚五国文化纪行 / 郭建龙著
. -- 北京：当代世界出版社，2024.1
　ISBN 978-7-5090-1741-8

　I. ①三… II. ①郭… III. ①文化史－东南亚 IV.
① K330.03

中国国家版本馆 CIP 数据核字 (2023) 第 085565 号

书　　名：三千佛塔烟云下：东南亚五国文化纪行
出版发行：当代世界出版社
地　　址：北京市东城区地安门东大街 70-9 号
邮　　箱：ddsjchubanshe@163.com
编务电话：（010）83907528
发行电话：（010）83908410
经　　销：新华书店
印　　刷：北京新华印刷有限公司
开　　本：710 毫米 ×1000 毫米 1/16
印　　张：15
字　　数：230 千字
版　　次：2024 年 1 月第 1 版
印　　次：2024 年 1 月第 1 次
书　　号：978-7-5090-1741-8
定　　价：78.00 元